방법만
바꿨을 뿐인데
잘 팔리는

SNS
마케팅
글쓰기

방법만
바꿨을 뿐인데
잘 팔리는

SNS
마케팅
글쓰기

1판 1쇄 펴낸 날 2020년 10월 30일
1판 3쇄 펴낸 날 2022년 1월 7일

지은이 유선일
펴낸이 나성원
펴낸곳 나비의활주로

책임편집 유지은
디자인 design BIGWAVE

주소 서울시 성북구 아리랑로19길 86, 203-505
전화 070-7643-7272
팩스 02-6499-0595
전자우편 butterflyrun@naver.com
출판등록 제2010-000138호
상표등록 제40-1362154호

ISBN 979-11-90865-13-5 03320

방법만 바꿨을 뿐인데 잘 팔리는

SNS 마케팅 글쓰기

유선일 지음

나비의 활주로

SNS를 잘하는 것과
그렇지 않은 것의 차이,
콘텐츠에서 비롯된다

'대한민국 국민 절반이 이용한다'는 SNS. 이 SNS 플랫폼을 이용해 수익을 내는 이들이 많다는 사실은 이제 그리 놀라운 일도 아니다. SNS를 직접 운영하면서 자신의 브랜드를 알리기도 하고 제품을 판매하기도 한다. 자신의 관심사를 기반으로 콘텐츠를 올려 팔로워를 확보한 인플루언서들은 광고·협찬을 통해 수익을 올린다. 전 세대에 거쳐 지속해서 이용률이 높아지고 있는 SNS에서의 수익 유형은 이렇게 무궁무진하다. 사람이 모이는 곳에 돈도 흐른다고, TV나 신문 등을 통해 광고하려는 광고주가 줄어들고 자신의 SNS를 수익화 플랫폼으로 만들고 싶어 하는 이들이 늘어나는 것도 당연한 일이다.

그렇다면 'SNS를 잘한다'는 것은 어떤 의미일까? SNS 마케팅에 관한 관심과 함께 우리가 끊임없이 고민하는 부분이 바로 수준 높은 혹은 사람들에게 유익한 콘텐츠 생산이다. SNS에서 짧은 시간 안에 공감을 일으키고 동시에 널리 공유되는 콘텐츠를 보유할 때 우리는 'SNS를 잘한다'고 일컫는다. SNS를 하는 것은 어렵지 않지만 잘하는 것과의 차이는 바로 콘텐츠에서 비롯된다.

예전의 TV, 라디오, 신문 등의 대중 미디어 광고에서의 콘텐츠 제작이 전문가만의 영역이었다면 SNS에서는 누구나 콘텐츠 생산자가 될 수 있다. 일상에서 담아낸 이미지 한 컷도 콘텐츠가 되는 세상이지만, 그만큼 콘텐츠 제작이 대중화되어 조금이라도 더 나만의 특색을 담은 콘텐츠를 올리고 싶어 한다. 마케팅 측면에서 보더라도 개성 있는 콘텐츠가 브랜드를 알리는 가장 좋은 방법이기도 하다.

왜 SNS 글쓰기에 관한 책을 펴내면서 콘텐츠에 대해 먼저 언급하는지 의아해하는 이들도 있을 것이다. 필자가 직접 쇼핑몰 분양과 운영을 하면서 SNS 마케팅 실무에 임했을 때, 많은 창업자들이 마케팅 노하우를 궁금해 하며 콘텐츠 제작에 대해 질문했기 때문이다.

"카드뉴스는 어떻게 제작해요?"

"영상을 쉽게 만들 수 있는 애플리케이션은 뭔가요?"

그런데 막상 이런 질문들에 대한 답을 듣고도 정작 SNS에 피드를 업로드하려면 막막해 했다. 바로 SNS 마케팅 글쓰기가 서툰 탓이다. 어렵게 적은 몇 줄 안 되는 글로 SNS에 올려도 검색 노출이 되지 않아 금방 흥미를 잃기도 하고, 때때로 첫 문장 한 줄을 쓰기도 어려워서 포기하고 마는 경우도 보았다. SNS에 일상을 기록하고 가족, 연인, 친구들과는 메신저를 대신해 댓글로 대화를 나누기도 하면서 유독 마케팅을 위한 글쓰기는 감이 안 와 손조차 못 대는 것이다.

이런 분들을 위해 이 책을 집필하기 시작했다. 콘텐츠를 만드는 원재료의 절반이 글쓰기의 힘에서 나오는 데에도 SNS에서 소비하는 콘텐츠 유형으로 이미지와 영상에만 집중하는 시대다. 단면적인 글보다 감각적인 요소에 끌리는 것을 부인하는 것은 아니다. 나 역시 콘텐츠 소비자로서 형형색색의 이미지와 다채로운 영상이 한 번이라도 더 눈이 가고 기억에 오래 남는다. 하지만 선택의 기회가 다양하게 열린 콘텐츠 소비자들은 동시에 글로써 세세한 정보를 얻고, 직접 만져보고 살 정도의 믿음을 가지고 SNS에서 쇼핑하기를 원한다. 이것은 시선을 집중하는 이미지와 영상이 아니라 글에서 전해오는 진정성에서 얻어지기 때문이다.

이 책을 쓰면서 깊이 고민한 것은 SNS 마케팅 실무 경험자로서 기술적인 노하우를 담아낼 것인지 아니면 브랜딩 콘텐츠를 위한 글쓰기 노하우를 담아낼 것인지였다. 둘 중 어느 쪽이 독자들에게 더 도움이 될지 끊임없이 생각했다. 검색되는 것만이 존재하는 시대라고 기술적인 스킬을 빼고 SNS 마케팅을 할 수는 없겠지만, 공유가 잘 되는 특성을 가진 SNS인 만큼 기존의 미디어와 달리 마음에 전해지는 글쓰기 전략도 필요하다. 그래서 이 책의 독자들이 두 마리 토끼를 다 잡을 수 있도록 두루 다루었다. 글쓰기에 자신 없던 사장님도 SNS 마케팅 글쓰기를 제대로 익힌다면 고객의 마음을 사로잡게 될 것이다.

유선일

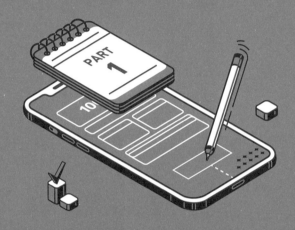

왜 SNS 마케팅에서는
글쓰기가 핵심일까?

CHAPTER 01

왜 SNS 마케팅에서는 글쓰기부터 고민해야 할까?

무슨 일이 있어도 개의치 말고 매일 쓰도록 하라. -어니스트 헤밍웨이

Q. 지하철에서 휴대폰을 쳐다보는 것 말고 할 수 있는 일을 추천해주세요.

한 포털사이트에 올라온 이 질문을 보니 피식 웃음이 났다. 지하철에서 휴대폰만 보는 사람들이 얼마나 많으면 이런 질문을 하겠는가. 생각해보면 나도 지하철을 탔을 때뿐만 아니라 자는 시간을 빼고 하루 24시간 중 거의 모든 순간 휴대폰을 옆에 끼고 산다. 어쩌면 잠자는 시간마저도 누워서 휴대폰을 하다가 손에 쥐고 잠들거나 침대의 좁은 프레임 위에 두고 자니 24시간 내내라고 해도 과언이 아니다.

그런데 그 많은 시간을 왜 이렇게 휴대폰에 할애하며 어떤 정보를 얻고자 하는 것일까? 대부분 사람들은 휴대폰에서 가족과의 주말 나들이를 위해 '유아와 함께 가볼만한 곳'을, 여자 친구와의 데이트 장소 물색을 위한 '홍대 맛집' 같은 것을 검색한다.

이렇게 생활 속에서 필요한 정보를 얻기 위해 시시때때로 휴대폰을

들고 인터넷 검색창에 물어보는 것이다. 그렇기에 손님 한 명이라도 더 붙잡고 싶은 사장님, 세일즈맨, 마케터라면 마케팅도 온라인 플랫폼을 활용해야 한다. 이 사실을 일부러 들먹이지 않더라도, 얼마나 온라인 마케팅 경쟁이 치열한지에 대해서는 어느 정도 인지하고 있을 것이다.

필자가 이 치열한 온라인 마케팅 시장에 겁 없이 뛰어들었던 건 재택부업을 하면서부터였다. 당시 재택부업은 가입등급에 따라 다르지만 약 10만 원에서 100만 원가량의 초기 비용을 내면 누구나 쉽게 쇼핑몰 창업을 할 수 있어 직장인과 주부들 사이에서 꽤 입소문이 났다. 무엇보다 쇼핑몰 판매 수익 외에 쇼핑몰 분양을 받을 회원 모집한 경우에도 인센티브를 받을 수 있다는 점에서 더욱 인기가 많았다. 단, 인센티브를 받는 대신 자신이 모집한 회원과는 마케팅 노하우를 공유해야 한다는 도덕적 책임이 따랐다. 이러한 연유로 모집한 회원과는 멘토-후배의 호칭 관계가 생긴다. 다행히 나는 꽤 오랜 시간 밤낮을 잊고 수익창출을 위해 직접 경험하고 부딪히면서 배운 마케팅 노하우가 있었기에 후배들에게 그 도덕적 책임을 다할 수 있었다. 그 노하우는 대부분 온라인 마케팅에서 상위노출을 위한 팁이었다. 하지만 몇 차례의 교육 끝에 그게 전부는 아님을 깨달았다.

"알려주시는 대로 홍보 이미지는 만들었는데 홍보 글은 어떻게 써야 할지 막막해요."

의외로 마케팅 글쓰기에 어려움을 토로하는 이들이 많았기 때문이다. 나 역시 SNS 마케팅 초보 시절을 떠올려 보니 하나의 홍보 글을 작성하려고 얼마나 많은 시간을 투자했는지 모른다. 글쓰기라면 항상 자신이 있었지만, 당시 1000자 가량의 홍보 글을 쓰는 데 8시간 정도 공을 들인 적도 있다.

예전의 나처럼 이렇게 마케팅 글쓰기를 어려워하는 사람들을 보면 안타깝기만 하다. 마케팅 글쓰기도 일반 글쓰기와 별반 큰 차이는 없다. 어렸을 적 배웠던 글쓰기처럼 꾸준히 쓰다 보면 실력도 향상된다. 처음 한글을 익히고 나서는 그림이 절반 이상을 차지하고 기껏 두세 문장으로 구성된 〈그림일기〉를 썼던 아이가 점점 더 긴 문장을 쓸 수 있게 되고, 어느 정도의 시간이 흐르면 서론-본론-결론에 이르는 논리의 흐름으로 글을 쓸 수 있게 되는 것과 같다.

필자는 대학생 시절, 과제로 레포트를 작성했던 것을 마지막으로 글쓰기와는 담을 쌓고 살았다. 하지만 지금은 SNS 글쓰기와 관련된 주제로 이런 책을 쓰게 되었으니 놀라울 따름이다. 그만큼 노력한 결과이기도 하다. 또한 나처럼 당신도 할 수 있다.

지금까지는 과제를 제출하거나 억지로 하는 수동적인 글쓰기를 해 왔다면, 지금부터는 '잘 살기 위해' SNS 글쓰기를 배워야 한다. 마케팅을 위한 글쓰기를 제대로 할 수 있다면 당신이 유통하거나 판매 중인 제품 혹은 서비스의 매출은 확연히 달라질 것이다. 이렇게 자신 있게 말할 수 있는 이유는 웹 4.0 시대에서의 마케팅 플랫폼이 그 기회를 만들어주고 있기 때문이다.

온라인 마케팅 플랫폼이란 이미 많은 사람들이 이용하고 있는 페이스북, 유튜브, 인스타그램, 블로그, 트위터 등이다. 이는 이미 손에 다 꼽을 수 없을 정도로 많다. 대부분은 이 중 한 가지 정도는 해 본 적이 있거나 하고 있으리라 생각한다. 하다못해 누군가의 SNS를 들여다보기라도 했을 것이니, 얼마나 많은 마케팅의 기회가 열려있는지 짐작이 될 것이다. 어떤 이들은 이러한 온라인 마케팅 플랫폼에서 글의 위력은 대단하지 않다고 주장하기도 한다. 대부분 플랫폼에서 이미지와 글을 동시에 소비하는데, 이미지가 마케팅에서 더 높은 파급력을 갖고 있다고 믿기 때문이다. 물론 이미지가 주는 효과를 무시할 수는 없다. 그러나 이미지만 보고 클릭한 페이지에 구매 욕구를 자극하는 글이 없다면 아무도 구매하기 버튼을 누르지 않는다.

그렇다면 먼저 어떤 사진을 올려야 대체 수익이 나는 걸까? 나 역시 인스타그램으로 홍보하기 시작하면서 이런 고민을 했었다. 처음에는 나와 비슷한 일을 하는 이들의 피드를 검색해서 둘러보았다. '잘 벌고 있다'는 것을 보여주려는 은행 입금 내역, 멘토링을 잘하고 있다는 것을 보여주는 카카오톡 대화 내역 등, 많은 사람들이 대부분 비슷한 사진을 올리고 있었다.

하지만 내게 문의를 해왔던 고객들을 통해 그러한 사진들이 이미 신빙성을 잃었음을 알 수 있었다. 그도 그럴 것이 실제로 수익 내역을 조작하거나 다른 사람의 수익 사진을 똑같이 복사해서 쓰는 사람도 봐왔으니 이해할 수 있다.

재택부업 홍보이미지의 잘못된 예시

이렇게 해서는 남들과 다를 바 없는 내 피드를 보고 기꺼이 돈을 지불할 사람이 없다고 생각했다. 고민 끝에 결국 인스타그램 홍보 업체의 교육을 받아보기로 했다. 남들과 비슷한 사진 대신에 명품백이나 돈다발 사진을 올려보라고 했다. 과연 효과가 있었을까. '가뭄에 콩이 나듯'이란 표현보다도 더 애가 탔다. 결과적으로 교육비만 날린 셈이었다.

혹하는 이미지를 올리고도 수익을 내지 못 하는 데에는 분명 이유가 있다. 좋은 이미지는 클릭을 유발하는 동기를 불러일으키지만 구매로 연결되는 가치를 담는 것은 오직 글쓰기만이 가진 힘이기 때문이다. 클릭을 유도하는 이미지 10장보다 구매로 직결되는 가치 있는 글 한 편이 훨씬 효과적이다. 실제로 내가 일하면서 느끼는 가치를 공유하거나 일에 임하는 마음가짐에 대해 적는 것으로 더 큰 수익을 낼 수 있었다.

SNS 마케팅은 누구에게나 동등한 기회를 가져다준다. 특별한 자격이나 경제적 비용을 요구하지 않는다. 그러나 누구나 할 수 있는 SNS라고 해서 아무나 성공하는 것은 아니다. 콘텐츠가 중요시되는 SNS에서 콘텐츠 마케팅에 관한 이해가 우선해야 성공할 수 있다.

콘텐츠 마케팅이란 무엇인가. 브랜드를 소비자에게 알리기 위해 온라인 마케팅 플랫폼에 음악, 사진, 동영상 등을 업로드하는 것을 말한다. 곧, 브랜드의 가치를 알리는 모든 것들이 콘텐츠가 된다(《한경 경제 용어사전》 참조).

그렇다면 브랜드 자체가 콘텐츠가 되는 마케팅에서 글쓰기는 어떤 가치를 가질까? 바로 콘텐츠를 소비자에게 전달하는 힘이 글쓰기에서 나온다. 즉, 글쓰기는 콘텐츠를 담아내는 그릇과 같다. 콘텐츠는 어떤 모양의 그릇에 담느냐에 따라 그 가치가 달라질 수 있다. 그리고 이것이 곧 브랜드의 이미지를 결정한다. 고객이 내 콘텐츠를 일회적으로 소비하게 하는 것이 아니라 효과적인 마케팅 글쓰기로 나라는 브랜드를 마음에 담게 하는 것이야말로 진정한 마케팅이다.

CHAPTER 02

장바구니를 들지 않고
장바구니에 담는 시대에 중요한 것

무엇인가 말하고 싶기 때문에 글을 쓰는 것이 아니라,
말할 것이 생겼기 때문에 쓴다. -스콧 피츠제럴드-

"장 보러 갈 건데 같이 좀 가자. 엄마 허리 아프니깐 좀 도와줘."

몇 년 전부터 허리디스크로 고생 중이신 엄마께서 부탁하셨다. 이
부탁을 듣고 함께 나서는 것이 효도라고 생각할 수도 있다. 하지만 나
는 같이 장 보러 나서는 대신 필요한 물건을 골라 장바구니에 담아서
주문하면 편리하게 집까지 배송해주는 이마트몰 애플리케이션을 알려
드렸다. 덕분에 지금은 환갑이 넘으신 엄마께서도 대부분의 장보기를
휴대폰 하나로 해결하신다.

이처럼 온라인 쇼핑몰이 인기를 끄는 이유는 무엇일까? 더 저렴한
가격? 더 좋은 품질? 물론 유통 경로가 짧아 어떤 제품은 오프라인에서
구매하는 것보다 싸게 살 수 있지만 항상 그런 것은 아니다. 품질 면에
서도 우리는 가끔 '인터넷에서 파는 물건이 그렇지 뭐.'라며 큰 기대를
하지 않는 듯하다. 그렇다면 온라인 쇼핑몰이 인기 있는 이유는 의외
로 간단하다. 바로 편리함 때문이다.

일상은 늘 바쁘게 돌아가는 까닭에 반사적으로 편리함을 추구하고자 한다. 클릭 하나로 내 집 앞에 필요한 물건을 가져다주는데 힘들여 오프라인에서 쇼핑할 필요가 없어졌다. 육아로 인해 아기 데리고 나가서 장보기 힘든 주부들과 직장생활을 하느라 쇼핑할 시간이 부족한 이들에게 온라인 쇼핑은 잠시의 여유를 선물한다.

물론 오프라인에서 직접 눈으로 보고 입어본 후 사는 것이 구매실패율을 줄여줄 수는 있다. 그러나 가상 피팅룸까지 나오고 있는 지금, 굳이 쇼핑의 무대를 오프라인에 한정할 필요는 없어 보인다. 심지어 지구 반대편에서 생산, 판매되고 있는 물건도 온라인으로 쉽게 구입할 수 있다. 나 또한 우리나라에서 비싸게 주고 사야 하는 물건은 가끔 해외 직구를 이용하는데 편리하고 경제성까지 있으니 온라인을 이용할 수밖에 없다.

온라인이 차지하고 있는 시장의 크기는 더 이상 언급하지 않아도 생활 속에서 모두가 느끼고 있을 것이다. 이렇게 온라인으로 사는 사람이 계속 늘어나기에 마케팅의 주된 무대도 당연히 온라인일 수밖에 없다.

많은 사장님들이 이미 오프라인에서 가게를 운영하더라도 매장에 비치되어 있는 상품을 예쁘게 사진으로 담아 온라인으로 홍보한다. 오프라인 홍보만으로는 판매에 한계가 있고 온라인 마케팅은 절반의 비용으로 두 배 이상의 효과가 있기 때문이다. 그러한 이유로 온라인 마케팅 관련 서적이 베스트셀러의 상당 부분을 차지하고 SNS 마케팅 교육을 들으려고 너도나도 줄을 서는 것이 현실이다.

그렇다면 온라인 마케팅에서 가장 중요한 포인트는 무엇일까? 많은 사람들이 온라인 마케팅을 할 때 가장 관심을 가지는 키워드는 '상위노출'이다. 상위노출은 나의 상품 혹은 브랜드 광고가 얼마나 많은 사람들에게 노출되는지에 따라 온라인 마케팅에서의 도달률을 결정하기 때문이다. 즉, 상위노출이 되면 그만큼 도달률이 높아 상품 혹은 브랜드의 인지도를 높일 수 있다. 그래서 많은 광고주가 브랜드를 노출시키기 위해 파워링크 등록하는 데에 마케팅 비용을 낸다. 또한 지금은 파워블로거란 명칭이 사라졌지만 여전히 최적화 블로그라 불리는 계정의 아이디를 섭외한다. 이뿐만이 아니다. 때때로 트래픽 공격, 유사 문서 공격 등 진흙탕 싸움으로 번지기도 한다.

하지만 상위노출이 된다고 해서 고객들의 구매율이 높아질까? 물론 계속적인 노출에 의해 부지불식간에 인지도 상승의 결과를 가져오긴 하겠지만 적어도 현명한 소비자라면 상위노출 된 몇 개의 링크를 확인해 볼 것이다. 즉, 검색순위 첫 번째로 게시되어 있다고 매출 1위로 연결되는 것은 아니라는 얘기다.

언젠가 아기를 데리고 외출하려는데 기저귀 가방이 말썽을 부렸다. 너무 많은 물건을 담은 탓인지 지퍼가 이쪽으로 당겨도, 저쪽으로 당겨도 도무지 닫히지를 않았다. 한참을 씨름하다가 늦어진 약속 시간에 울화통이 나서 던져 버렸다. 급한 마음에 일회용 종이봉투에 기저귀와 물티슈 등 아기용품을 챙겨 나왔다. 그리고는 바로 버스에 올라 휴대폰을 들고 기저귀 가방을 검색했다. 유아용품을 판매하고 있는 수많은 숍들이 결과 페이지에 떴다. 어떤 것을 주문할지 살펴보며 몇 개의 상세 내용 페이지를 클릭했다. 이 많은 상품 중에 내 마음을 사로잡은 것이 있었다. 나는 어떤 기준에서 이 기저귀 가방을 고른 것일까?

필자가 SNS 마케팅 글쓰기를 강조하는 이유는 여기에 있다. 물론 기본적으로 온라인 마케팅에서 상위노출의 필요성은 무시할 수 없다. 다만 마케팅에서의 도달률이 실제 구매전환율로 이어지려면 고객을 사로잡는 무언가가 필요하다는 것이다. 그 무언가가 신뢰가 되었든, 진정성이 되었든 혹은 유머가 되었든 마케팅의 본질은 고객을 유혹하는 데에 있음을 잊지 말자.

네이버의 검색 순위에 상위 노출을 해서 '우리가 파는 제품이 좋아요. 사주세요.' 말해봤자 고객은 광고임을 뻔히 알고 채 글을 다 읽지도 않을 것이다. 실제 온라인을 이용하는 많은 예비 고객이 파워 링크 영역은 클릭조차 해보지 않는다는 사실을 간과해서는 안 된다. 이제는 고객을 유혹하여 스스로 자신의 장바구니에 담고 싶게 만들어야 한다. 그러한 끌림을 만드는 힘, 이것은 바로 마케팅 글쓰기에서 비롯된다.

수제 먹거리나 아기자기한 독특한 소품을 좋아하는 내가 애용하는 인터넷 쇼핑몰이 있다. 바로 '아이디어스http://www.idus.com'이다. 이름답게 모든 물건들이 핸드메이드 제품이라 작가의 창의성이 돋보이는 제품들을 자주 볼 수 있다. 여기에서 몇 번 수제청을 구입했고, 선물용

목걸이를 구입하면서 알게된 놀라운 사실은 오직 공방만을 운영하며 온라인 마케팅을 통해 판매하고 있다는 것이다. 어떤 작가('아이디어스'에서는 핸드메이드 제품만을 판매하기 때문에 판매자를 사장님이 아닌 작가라고 통칭한다)는 공방도 따로 없이 자택에서 자녀들이 먹을 것과 같이 함께 판매용으로 만든다고 했다. 그만큼 온라인 마케팅으로만 판매를 하는 유통 경로여서인지, 핸드메이드 작품 하나하나에 애정이 담겨서인지 작가가 직접 적어놓은 제품의 상세 내용은 여느 쇼핑몰의 글쓰기와는 차이가 있다.

정성을 다한 상세한 제작 과정 이야기에서 작가들의 장인정신이 느

아이디어스 애플리케이션 첫 화면과 실제 구매관련 상세 페이지 내용

껴지고, 자녀들이 먹을 음식과 함께 조리한다는 점에서 식재료의 안전성은 물론이고 엄마의 사랑까지 느껴진다.

이제 인터넷의 발달을 넘어 소셜 미디어의 전성시대를 맞아 장바구니를 들지 않고도 물건을 구매하는 일이 빈번해졌다. 판매와 구매는 항상 동시에 일어난다는 점에서 보더라도 휴대폰을 들고 물건을 샀다면 팔 때도 휴대폰을 들고 팔아야 한다. 즉, 구입하는 경로가 바뀜에 따라 마케팅의 장도 변화해야 한다. 변화를 두려워하는 사람도 있겠지만 다행히 그 변화의 흐름에서 판매의 기회는 더 많아졌다. SNS 마케팅으로 저 멀리 태평양 건너까지 잠재고객이 있고 잠을 자는 시간에도 물건을 팔 수 있다.

SNS 마케팅을 두려워하지 말고 기회를 인식하자. 그리고 그 기회의 장에서 마케팅의 고수가 되는 길을 마케팅 글쓰기로 찾아보자. 상위 노출을 위한 광고보다 구매 욕구를 자극하는 한 문장이 열 배의 효과가 있고, 지나가는 손님을 붙잡고 열 번 말하는 것보다 고객의 감성을 자극하는 한 문장이 백배는 낫다.

CHAPTER 03

발로 뛰는 마케팅 VS.
손이 분주한 마케팅

때로는 쓰기 싫어도 계속 써야 한다. 그리고 때로는 형편없는 작품을
썼다고 생각했는데 결과는 좋은 작품이 되기도 한다. - 스티븐 킹

'오늘 걷지 않으면 내일은 뛰어야 한다.'

이는 도스토옙프스키의 명언이다. 성공하는 데 필요한 노력을 하루
하루 게을리하지 말라는 이 명문은 지금 시대에도 마음에 깊이 새겨야
마땅하다. 하지만 이 문장을 표면적으로 해석하여 실천하는 것은 19세
기에나 통할 법하다. 발로 뛰어서 제품을 팔거나 혹은 나를 알리는 시
대는 지났기 때문이다.

지금은 직접 발로 뛰는 것 이상의 역할을 SNS가 대신하고 있다. 컴퓨
터나 휴대폰만 있으면 SNS를 통해 나를 표현하는 사진과 자기 생각을
담은 글을 게시하여 많은 사람들에게 알릴 수 있다. 그리고 이러한 지
속적인 교류로 먼 나라의 사람들까지 친구를 맺어주기도 한다. 물론,
아직도 SNS를 그저 시시콜콜한 재미를 얻는 도구 또는 현대인의 시간
을 좀먹는 낭비 요소라고 생각하는 사람도 있다. 하지만 SNS가 사회적
관계망을 형성하는 것 이상으로 마케팅 플랫폼으로서의 가치가 있다

는 것은 놀랍지 않다. 누구나 생판 모르는 사람에게서 물건을 구입하는 것보다 소통하며 속속들이 알고 지내온 사람에게 더 기꺼이 돈을 내지 않는가.

필자는 대학 졸업 후 경영학 전공을 살려 은행에 취업했다. 무슨 일이든 새로운 아이디어를 내고 콘텐츠 기획하는 것을 좋아해서 금융상품개발 관련한 일을 하고 싶었기 때문이다. 하지만 첫 사회생활을 하며 직장에서도 그동안의 학교 수업처럼 짜여 있는 커리큘럼을 따라야 한다는 사실을 깨닫게 되었다. 관심 분야와 관계없이 약 80여 명의 신입행원들이 모두 각 지점에서 영업을 해야 했던 것이다.

필자는 세종로 지점에 파견되며 대출 관련 업무를 담당했다. 여느 은행지점과 마찬가지로 내가 근무하던 지점에서도 영업 실적 향상을 위해 항상 회의를 하고 이달의 영업왕을 선정하며 서로 경쟁 아닌 경쟁을 했다. 하루는 회의 결과에 따라 영업점 근처 직장인들을 대상으로 대출 상품 전단을 돌리기로 했다. 추운 겨울이었음에도 수천 장의 대출 상품 전단을 제작하여 직장인들의 출근 시간에 맞춰 나눠주기 위해 거리로 나갔다. 초콜릿과 핫팩도 전단에 붙여서 함께 나눠줬다.

그렇게 3일 정도를 추위에 떨며 밖에서 전단을 돌린 효과가 있었을까? 당시 책임자의 그 효과에 대한 기대 수준이 어느 정도였는지는 모르겠지만 아마 수천 장의 전단을 돌리고 두세 명이 제 발로 은행에 찾아오기를 바란 것은 아닐 테다. 그 정도의 사람 수라면 돈이 절실하게 필요한 직장인이 자신의 회사와 가장 가까운 은행에 들릴 경우의 수와 동일하다고 보기 때문이다.

물론 나 또한 그 당시에는 신입행원이라 이 방법이 어느 정도의 효과를 가져올 지 예측하지 못했다. 단지, 대출이라는 상품 특성상 돈을 빌리는 입장에서는 갚아야 할 의무와 이자에 대한 지출이 늘어나는 것이니 평소 돈이 필요했던 사람이 아닌 이상 관심 없을 것이라고 예측할 뿐이었다. 그래도 추운 날씨에 며칠간 고생한 것을 생각하면 그 효과가 너무 미미하여 다른 좋은 방안을 떠올려 의견을 개진했어야 했다.

그러나 지금도 연락하며 지내는 은행 동기들을 보면 상황이 아주 달라지지는 않은 것 같다. 내가 은행을 다녔던 게 2011년인데 9년여 시간이 지난 지금에도 여전히 전단을 만들어 영업 전선에서 발로 뛰기도 한다고 한다. 요즈음 은행에 가면 금융상품 가입을 위한 필요서류 대신 컴퓨터 기기로 화면 내용을 보고 전자패드에 서명하게 되어 있는 경우가 많다. 업무 방식에 있어서는 디지털화를 이루었는데 마케팅에 있어서는 이러한 변화를 따라가지 못 하고 있는 게 아닐까?

소위 말하는 '영업 고수'의 자질은 무엇일까? 세일즈를 한 번도 안 해본 사람이어도 이따금 영업 고수를 보고 '저 사람 말발 하나는 끝내주네.'하고 생각한 적이 있을 것이다. 발로 뛰는 마케팅에서 고객을 유혹하는 말발은 큰 입김이 작용하게 마련이다. 안타깝게도 나는 그 능력이 부족해서 곤욕을 치렀던 적이 있다.

역시 은행에서 근무할 때의 일이다. 신입행원이었던 나에게 미션이 하나 주어졌다. 대학교를 졸업한 지 얼마 지나지 않았으니 모교에 가서 후배들을 대상으로 체크카드 신청서를 받아오라는 것이었다. 평소 후배들을 만난 것이라고는 드문드문 참석한 동문회 모임 때뿐이었는데 선배로서 잘해준 것 하나 없이 체크카드를 만들어달라고 부탁해야 한다니….

그 시기 대학생들의 취업은 낙타가 바늘구멍 뚫기와 같아서 취업에 성공한 졸업생들은 어깨를 쫙 펴고 당당히 모교를 방문하기도 했다. 하지만 선망의 눈빛으로 바라볼 후배들에게 아쉬운 소리를 해야 하기에 도저히 발걸음이 떨어지질 않았다.

그렇다고 신입 행원으로서 패기와 열정을 보여줄 기회를 날려 버리기도 싫었다. 마침 정기 동문회 자리가 마련되어 자연스러운 기회를 틈타 신규 고객 가입 신청서와 체크카드 신청서 등 서류 뭉치를 가방에 숨겨 들고 참석했다. 그리고는 선·후배 간에 오랜만에 나누는 즐거운 대화를 즐기지 못하고 계속 눈치만 살폈다. 언제쯤 말을 꺼내면 자연스럽게 가입 신청 서류를 받을 수 있을까. 오직 이 생각뿐이었다.

"체크카드 신청하면 토익 시험 할인도 받을 수 있어."

"이 카드로 스타벅스 커피 할인도 된다."

이렇게 내 머릿속에는 카드를 어떻게 팔 것인가에 대한 나름의 예비 답안을 그려내기 바빴다. 하지만 끝내 세일즈를 위한 멘트들은 내 머릿속에서만 뒤엉켜 결국 입 밖으로 한 마디도 내뱉지 못했다. 결국 그날, 아무런 소득 없이 쓴웃음을 지으며 인사를 하고 집으로 돌아왔다.

지금도 그때를 떠올리면 말 한마디 꺼내지 않았는데도 후배들 앞 내 모습이 부끄럽다. 평소 말솜씨 좋다는 얘기도 들어왔는데 왜 이렇게 영업성 멘트는 좀처럼 입이 떨어지질 않는 건지. 다행스럽게도 며칠 후 동문회장을 맡고 있던 친한 후배가 내 마음을 알기라도 한 듯 먼저 나서서 동기들의 가입 신청서류를 받아 주어 덕분에 은행 지점에서 체면은 차릴 수 있었다.

모르긴 몰라도 은행이나 보험업계, 카드사 등의 금융권에서는 각 직원들에게 고전적인 마케팅 방식을 아직도 교육하는 듯하다. 오늘도 마트에서 장을 보는데 카드 가입을 권유받았으니 말이다. 예전의 나처럼 생계를 위해 영업인으로서 고군분투하는 사람이 있다면 과감히 지금

인스타그램으로 마케팅하는 카드설계사의 피드

의 마케팅 방식을 버릴 것을 권고한다.

　이제 발로 뛰어 세일즈를 하는 시대는 끝났다. 고객 한 명을 잡기 위해 전국을 뛰어다니는 행동은 그만 하자. 대신, 대한민국 어딘가 혹은 지구 반대편에 있을 고객을 만나기 위해 컴퓨터 앞에 앉아보자. 그게 어렵다면 지금 당장 휴대폰을 손에 들어보자. 온라인에서 어디에 나를 혹은 내 제품을 알려야 할지 막막하다면 지금 당신이 팔고자 하는 그 제품을 포털사이트에서 검색해본다. 파워링크부터 블로그, 카페, 포스트 등 각 영역별로 다양하게 경쟁업체의 제품들은 이미 마케팅 중일 것이다. 한 발 늦었다 생각될지라도 오프라인에서 한 발 뛰는 걸음보다 사업 성장 면에서 멀리 갈 수 있다.

　무엇보다 온라인에서는 말발이 서지 않아도, 부끄러워 입이 안 떨어져도, 키보드만 있으면 가능한 마케팅 글쓰기로 기회가 주어짐에 주목하자. 수천 번 외웠던 영업성 멘트가 도무지 입 밖으로 나오지 않는다고 더는 자책할 필요가 없다. 반대로 이젠 말 잘하는 1등 영업인도 고객을 사로잡기 위해서는 키보드를 가까이 두어야 한다. 고객을 유혹하는 마케팅 글쓰기만으로 당신의 매출을 10배는 더 올릴 수 있다.

CHAPTER 04

셀러가 아닌 텔러로 마케팅하는 법

행운이란 100% 노력한 뒤에 남는 것이다. -랭스턴 콜만-

"손님, 찾으시는 스타일이 있으세요?"

점원 한 분이 가게에 들어선 내게 말을 걸며 다가왔다.

"아니요. 그냥 둘러보려고요."

청바지를 사기 위해 대형 아울렛 매장을 방문했다. 나에게 어울리는 옷 스타일은 누구보다 내가 잘 알고 있고 옷을 고르는 데에 있어서 조언을 구할 친정엄마도 함께 갔으므로 그저 마음 편히 둘러보고 싶었다. 하지만 이렇게 답했음에도 불구하고 그 직원은 졸졸 따라 다니면서 찾는 제품이 일자 핏인지, 레깅스 핏인지 또는 색상은 어떤 것이 좋은지 등 계속 답을 요구했다.

쇼핑할 때 누구나 한번쯤 이런 상황을 겪어봤을 것이다. 손님이 방문했는데 휴대폰만 만지작거리는 것도 환영받지 못하는 느낌이지만, 반대로 이렇게 반드시 팔고 말겠다는 의도를 내비치면 거부감이 들기도 한다.

매장을 방문하는 고객에게 지나친 개입은 고객의 발길을 돌리게 만든다. 셀러로서 물건을 팔고자 하는 욕심을 들키지 말자. 고객은 당신의 강매에 지갑을 열지 않는다. 고객은 당신이 어떤 제품을 팔고 싶은지에 관심 있는 게 아니라 물건 구입에 있어서 자신에게 도움이 되는 정보를 얻길 원한다.

몇 년 전 한 시사프로그램에서 중고차 시장에서의 조폭들의 행태를 다룬 내용은 적잖이 충격이었다. 허위 매물이나 성능 점검 기록부의 조작은 너무 허다하여 별로 문제로 치부되지도 않았다. 일명 '조폭 딜러'는 고객을 가짜 매물로 유인하여 감금, 폭행까지 서슴지 않고 강매를 하는 것이었다.

'신뢰를 파는 청년' 블로그 메인 화면

남편과 나는 출산 후, 그동안 타고 다녔던 차가 유모차를 실을 수 없을 만큼 작아 중고차를 구입하기로 했었다. 우리는 그때 접했던 뉴스가 생각나서 중고차를 구입하는 데에 정보를 꼼꼼히 살펴보았다. 물론 정보를 얻는 데에 네이버 블로그의 수많은 이웃들의 도움을 받았다.

그러던 중 '신뢰를 파는 청년'이라는 슬로건을 내걸고 중고차를 파는 딜러를 알게 됐다. 그는 자신의 블로그를 통해 중고차를 구입하는 데에 있어서 주의해야 할 점, 중고차의 사고 이력을 확인하는 팁 등 중고차를 구입하려는 사람들에게 많은 정보를 제공한다. 이와 함께 자신의 거래 후기에서도 발품을 팔아 고객에게 신뢰를 얻고자 하는 그의 사업

'신뢰를 파는 청년' 블로그 포스팅 중 일부

적 가치관이 그대로 드러난다. 즉, 그는 자신의 슬로건에 맞게 고객에게 중고차가 아닌 신뢰를 팔고 있었다. 그가 자신의 일에서 '신뢰'라는 가치를 최고로 여겼기 때문에 고객들은 믿고 스스로 그에게서 중고차를 구입한 것이다.

'조폭 딜러'의 강매 행태와 '신뢰를 파는 청년'의 판매 방식은 어떤 차이점이 있는지 알겠는가? 두 사례에서의 도덕적 행동은 따져보지 않더라도 여기에서 알아야 할 중요한 사실은 구매를 위한 동기부여 측면에서 찾을 수 있다. 판매 수익을 올리려고 구매를 직접적으로 요구하기보다는 고객이 자발적으로 구입하게끔 유도하는 스토리를 만들어내야 한다. 그리고 그 스토리를 이야기하는 데에는 다른 어떤 광고보다 다양한 온라인 플랫폼을 활용한 마케팅 글쓰기에서 더 쉽게 이루어진다.

기존의 광고는 짧은 시간 안에 혹은 제약적인 공간에서 상품 홍보를 해야 하는 반면, 온라인 마케팅 플랫폼에서의 글쓰기는 비교적 시간적, 공간적 제약을 받지 않는다. 또한 고객과의 신뢰는 한 번에 얻어지는 것이 아니라는 점에서 봤을 때 막대한 비용의 투자 없이 마케팅 글쓰기로 지속적인 관계를 유지할 수 있다.

보통 셀러가 아닌 텔러로서 마케팅을 해야 한다고 하면 어떤 스토리를 담아 이야기해야 할 지 어려워한다. 그 스토리는 어떤 한 편의 영화를 찍을 만큼 필요로 하는 것이 아니다. 그런데도 이를 어렵게 느끼고 있다면 고객이 궁금해할만한 내용을 판매자의 입장이 아닌 고객의 입장에서 생각하고 써보자. 고객이 궁금해하는 내용 또한 그렇게 거창한 것이 아니다.

재택 부업을 하면서 흔히 보았던 마케팅 글쓰기의 좋지 않은 예가 있다. 블로그와 인스타그램에서 재택 부업을 검색했을 시에 많은 사람의 계정에서 홍보 글만 난무한 것을 종종 본다. 광고 글을 선호하지 않는 네이버의 상위노출과 관련한 로직 문제는 둘째로 하더라도 광고 게시 글만 올라오는 블로그 혹은 인스타그램에 고객이 찾아올까? 검색을 통해 계정에 유입되었다 하더라도 고객은 바로 광고 계정이라고 생각하고 더 이상의 교류를 차단할 것이다.

실제 내가 멘토링을 할 때도 비슷한 질문을 받았다. 인스타그램의 피드에 올리는 글을 하나씩 점검해주기로 했었는데 어떤 분이 내게 말씀하셨다.

"아직 홍보 글은 작성하지 않아서 점검해 주실 게 없는 데요."

대부분의 사람들이 자신의 일상 글과 홍보 글을 별개로 생각한다. 인스타그램이든 블로그든 마케팅을 하는 사람이라면 일상을 기록하는 글도 마케팅의 연장선상에 있음을 항상 염두에 두자. 홍보 글보다 일상을 기록한 글에서 나를 알릴 기회는 더 많다. 그리고 일상생활 속에서 보고 느끼는 것을 토대로 자신의 스토리를 담아낼 수 있다. 고객은 때로 당신이 파는 상품은 무엇인지에 관심이 있기보다 그 상품을 파는 사람이 어떤 사람인지에 더 관심이 있다.

셀러가 아닌 텔러로서 마케팅을 어떻게 해야 할 지 아직도 감이 안 온다면 자신이 이 일을 하는 데에 있어서 가장 중요하게 생각하는 가치에 대해 떠올려보라. 누군가는 신뢰를 최우선의 가치로 생각하고 또 다른 누군가는 정성을, 열정을, 베풂을 떠올릴 것이다. 앞서 언급한 '조폭 딜러'나 생각할 만한 거짓, 사기, 허욕과 같은 가치가 아니라면 누구에게나 마음을 끌 수 있는 가치가 된다. 그 가치를 중심으로 일상에서든 업무적인 면에서든 나를 드러내는 데에 익숙해지자. 나는 어떤 사람인지에 대해 표현함으로써 판매하는 상품의 가치 또한 높일 수 있다. 고객들은 판매자가 바른 신념을 지닌 사람이라면 그가 판매하는 상품 혹은 제공하는 서비스도 그와 동등한 수준을 갖춘 것이라 예상하기 때문이다.

셀러가 아닌 텔러로 마케팅하는 기술이 보다 효과적임을 인식했다면 이제 텔러로서 마케팅을 하는 데에 최적화된 SNS 마케팅 글쓰기에 주목하자. 직접적으로 구매를 요구하는 말 한마디보다 자신의 가치를 피력하는 한 문장이 고객을 움직이게 한다. 한 번의 자극적인 말 대신 나를 알리는 스토리가 모여 더욱 진정성 있는 마케팅으로 고객에게 다가갈 수 있다. 지금 당장 메모장을 펼치고 '내가 이 일을 하는 데에 있어서 중요하게 여기는 가치'에 대해 적어보라. 그리고 그 가치를 중심으로 나의 모든 것을 써보자. 거짓 포장이 아닌 진정성 있는 스토리가 고객의 마음을 사로잡는다.

CHAPTER 05

당신의 이웃이
고객도 된다

'어떻게 말할까' 하고 괴로울 땐 진실을 말하라. -마크 트웨인-

혼밥족 혹은 혼술족.

이제 알만한 사람은 다 아는 혼밥과 혼술은 혼자서 밥과 술을 먹는 것을 즐긴다는 의미이다. 1인 가구가 늘어나고 혼자 사는 삶 자체를 즐기는 사람들이 늘어나면서 사회적 트렌드가 만들어 낸 신조어다. 이제 언론에서도 혼밥할 수 있는 맛집을 소개하는 프로그램을 제작하고 혼술하는 장면을 멋있게 그려내면서 트렌드를 넘어 하나의 문화가 된 것이다.

이런 사회에서 표면적으로 보이듯 사람들은 과연 정말로 소통의 단절을 갈구하는 것일까? 혼밥 혹은 혼술하는 사람의 한 손에는 숟가락, 한 손에는 휴대폰을 들고 있다. SNS에 혼밥하는 식탁을 사진으로 찍어 올리기도 하고 이웃의 새로운 소식을 보면서 '좋아요'를 누르기도 한다. 오히려 SNS에서 생판 모르는 사람과는 소통을 즐긴다. 바쁜 생활 속 어쩌지 못 하는 소통의 부재와 단절 속에서 소통에 대한 갈증을 SNS

일상, 소통, 맞팔 등의 관계 지향적인 해시태그가 가장 많이 사용되었으며,
그 외 ootd, 데일리룩 등 패션 관련 된 해시태그의 사용률이 높았습니다.

순위	태그	변동		순위	태그	변동
1위	일상	=		11위	먹스타그램	NEW
2위	소통	=		12위	팔로우	▼6
3위	맞팔	▲2		13위	Fashion	NEW
4위	ootd	NEW		14위	여행	NEW
5위	데일리	▼1		15위	맛스타그램	NEW
6위	좋아요	▼3		16위	여름	▼1
7위	데일리룩	NEW		17위	뷰티	NEW
8위	Daily	▼1		18위	선팔	▼9
9위	Repost	▼1		19위	뷰티스타그램	NEW
10위	Event	NEW		20위	kbeauty	NEW

상반기 대비 상승 ▲
상반기 대비 하락 ▼
하반기 신규진입 NEW
변동 없음 =

인기 해시태그 Top20, 출처 〈건돌이닷컴 2019 하반기 SNS TREND REPORT〉

에서 풀고 있는 듯하다.

필자 또한 인스타그램 마케팅을 처음 시작했을 때, 내 게시물을 노출시키는 데에 필요한 검색 도구인 해시태그를 무엇을 써야 할지 몰라서 네이버에 '인스타그램 해시태그 모음'을 검색해본 적이 있었다. 지금은 많은 사람들의 피드 속에 적힌 해시태그를 눈치로만 봐도 알 수 있지만 인스타그램 마케팅 초보자라면 꼭 한 번씩 검색해보길 추천한다. 인기 해시태그는 사회적 트렌드를 따라 워낙에 빠른 속도로 변화하지만 그때도, 지금도 인기 해시태그 모음에서 빠지지 않는 것이 있다. 바로 '소통'이다.

실제로 나는 주부들을 타깃으로 재택 부업 마케팅을 하면서 '육아맘

소통', '주부소통' 등의 해시태그를 사용했다. 눈에 띄게 팔로워가 증가하는 것을 직접 느끼며 많은 사람이 소통에 대한 갈증이 있음을 깨달았다. 그리고 나 또한 자연스레 해시태그와 함께 육아 일기를 기록하면서 독박 육아를 하는 어려움, 육아하는 사람이라면 누구나 한번쯤 느꼈을 만한 감정을 공유했다. 그러면서 가까운 가족이나 친구에게 들키기 싫은 감정을 나와 전혀 안면이 없는 사람들과 나누며 어느 정도는 스트레스 해소의 창구가 되기도 했다. 누군가 나에게 '좋아요'를 눌러 주는 것만으로도 공감을 얻게 되는 기쁨이 있었다. 가끔 나와 같이 육아하는 엄마의 고된 하루 일기를 휴대폰으로 읽으면서 '나만 그런 것은 아니구나.'하는 생각에 위안을 받기도 했다.

어찌 생각하면 순수하게 소통에 대한 욕구를 가진 사람을 마케팅의 대상으로 삼은 것이 바람직해 보이지 않을 수 있다. 하지만 마케팅은 사람에 관한 관심에서 시작된다. 고객이 현재 어떤 문제를 안고 있고 어떤 취향을 좋아하는지 즉, 고객에 대한 관심이 필요하지 않은가? 그런 점에서 공개적인 그의 일상에 들어가 보는 것은 그렇게 비난할 만한 것은 아니라고 생각한다.

진정성 있는 관심으로 소통하고자 하는 마음은 고객이 먼저 알아봐 주기 마련이다. 필자는 이러한 점에서 SNS 마케팅 글쓰기에 더 매력이 있다고 느낀다. 누군가의 일기를 읽은 후 바로 댓글로 그에게 메시지를 보내고, 공감을 뜻하는 하트 표시를 누를 수 있는 것은 SNS에서만 가능하다. 거기에 소통하는 마음을 담아 때때로 자신의 상품을 알릴 수 있다면 금상첨화다. 고객이 먼저 이 사람은 무슨 일을 하는 사람인지 궁금해서 클릭해 볼 것이다.

블로그를 운영하면서도 실제 옆집 사는 이웃보다 더 가까운 인연을 맺을 수 있다. 아이와 함께 보내는 시간들을 주로 기록해 두었던 내 블로그에는 나와 같은 '육아맘'들이 자주 찾아와주었다. 종종 '우리 아이만 그런 게 아니었나 봐요.' 혹은 '딸이라서 그런지 아들만 둘 키우는 저희 집과는 다른 풍경이네요.' 등의 댓글을 주고받으며 '육아'라는 공통적인 주제로 공감대를 형성하고 있었다. 그리고 이를 토대로 점점 관심을 갖게 된 이웃도 생겼다. 두 아들을 키우면서 핸드메이드 가방을 제작하여 블로그로 소소히 판매까지 하시는 분이었다. 나 또한 그 분이 기록해 놓은 육아일기를 들여다보는 것을 계기로 이웃이 되었지만 자연스레 상품에도 눈길이 갔다. 신상품이 나올 때마다 눈여겨보다가 내 취향에 꼭 맞는 클러치백을 결국 구입했다. 그동안 꾸준히 소통하며 인사가 오고 간 덕분에 이웃 할인도 받으며.

처음 사업을 시작하고 마케팅을 하기로 마음먹었다면 가장 먼저 SNS 마케팅에 주목해야 한다. 다행히 큰 비용 없이 누구나 가장 쉽게 할 수 있는 것이 SNS 마케팅이다. 하지만 누구나 쉽게 시작할 수 있다고 해서 무작정 홍보한다고 효과를 얻을 수 있는 것은 아니다.

기존의 오프라인 마케팅 도구를 이용해 광고를 해 오던 사장님들이 SNS 마케팅에서 실패하는 이유는 하나다. 기존의 마케팅 툴을 그대로 온라인으로만 옮겨왔기 때문에 SNS의 특성을 파악하지 못한 실수에서 비롯된다. SNS의 기본 특성인 온라인상에서의 인적 네트워크 형성을 간과해서는 안 되는 이유다. 즉, 인맥 관계를 형성하는 기본인 소통에 힘써야 한다. 서로의 관심사에 귀 기울여 주고 상대방의 생각에 공감을 표함으로써 소통하는 이웃이 되어야 한다. 일방적으로 '나는 이런 상품을 팔고 있으니 관심 있는 사람은 나의 이웃이 되어주세요.' 하는 태도는 잠재고객의 이웃이 될 수 없다. 생텍쥐페리의 《어린왕자》1943 에는 여우와 어린왕자의 이런 대화가 나온다.

"길들인다는 게 무슨 뜻이니?"

어린왕자가 여우에게 묻자 여우는 이렇게 답한다.

"그건 관계를 맺는다는 뜻이야. 너는 아직 내게 수많은 소년 중 하나에 지나지 않아. 그래서 난 네가 필요하지 않아. 그건 너도 역시 마찬가지일 거야. 난 너에게 아직 수많은 여우 중 하나일 뿐이니깐. 하지만 네가 나를 길들인다면 우리는 서로에게 필요한 존재가 된단다. 나는 너에게 세상에 오직 하나뿐인 존재가 되고, 너 역시 나에게 세상에서 단 하나뿐인 존재가 될 테니깐."

고객도 마찬가지다. 아무리 좋은 상품을 가지고 세상에 알린다고 해도 수많은 경쟁 제품 중에 하나일 뿐이다. 고객도 길들여야 잠재 고객을 충성 고객으로 만들 수 있다. 길들여진 고객에게는 대체재가 없는 유일한 상품이 된다. 이것이 SNS 마케팅에서 관계를 맺어야 하는 이유다. 그리고 관계를 맺는 데에는 소통하는 글쓰기의 힘이 절실하다. 고객과 이웃이 되는 글쓰기란 어려운 것이 아니다. 오프라인에서 가게를 방문했을 때를 떠올려보라. 친절한 인사와 안부를 물어주는 것만으로 기분이 좋고 때로 우리의 이름을 기억해주는 일은 감동으로 느껴지기도 한다. 그리고 그런 가게에는 어쩐지 꼭 한 번 더 가고 싶은 마음이 생긴다.

　SNS에서의 마케팅 글쓰기도 마찬가지다. '이웃'의 새로운 소식에 공감을 표하고 진심 어린 관심을 먼저 표현해보자. 여기서 고객이 아닌 '이웃'이라고 쓴 데에는 이유가 있다. 처음부터 내 고객으로 만들려고 하기보다는 먼저 이웃이 되어야 함을 강조하기 위해서다. 그렇게 소통하는 이웃은 기꺼이 스스로 고객이 될 것이다. 아직 별다른 SNS 마케팅의 효과를 누리지 못해 걱정이었다면, 이웃에게 먼저 짧은 인사말을 남겨보라. 지금 당장.

CHAPTER 06

어떻게 하면 SNS로 사고 싶어지는 글쓰기를 할 수 있을까?

당신이 읽고 싶은 책이 있는데 그 이야기가 책으로 나오지 않았다면,
당신은 그 이야기를 쓰면 된다. -토니 모리슨

"김태희가 광고하는 화장품 주세요."

광고 시장에서 인기 연예인의 섭외는 구매자들의 관심 유발을 넘어 구매로의 직접적인 영향을 끼쳐 왔다.

"나도 이 제품을 쓰면 김태희처럼 예뻐질 수 있겠지?"

시트콤에서 본 이 장면에 상대 배우는 이렇게 대사를 맞받아쳤다.

"오르지 못할 나무는 쳐다보지 마라!"

맞다. 광고에 나오는 제품을 쓴다고 해서 누구나 연예인같이 예뻐질 수 있는 것은 아니다. 이제 소비자들도 그 정도의 진실은 알고 있기에 더는 예쁜 연예인이 광고한다는 이유로 구매하지는 않는다. 오히려 연예인이 등장하여 우아한 몸짓을 담아내는 광고보다 일반인이 출연하여 실제 제품을 사용한 후기를 생생하게 전달하는 광고가 호소력을 지닌다.

디지털 시대에 소비자들이 더 많은 정보를 쉽게 얻을 수 있게 된 만

큼 똑똑한 마케팅 전략이 필요하다. 고객의 신뢰를 얻고 설득할 수 있도록 진실한 정보를 효과적으로 알려야 한다.

　온라인 마케팅 플랫폼으로서 상당한 인기를 누리고 여전히 그 효과를 무시하지 못 하는 블로그에서도 마찬가지다. 무언가 정보를 얻고 싶어 검색한 결과 창에서 상세한 후기 글을 발견했을 때 눈을 크게 뜨고 집중하여 읽는다. 그런데 한참을 읽어내려 가다가 마지막 줄에 '이 포스팅은 무상으로 상품을 제공받아 작성된 후기입니다.'는 문장을 보는 순간 배신감마저 든다. 포스팅 속의 정보를 100 퍼센트 신뢰할 수 없게 된다.

　'이 후기는 해당 업체와 무관하며 제 돈 주고 직접 구입하여 사용한 솔직 후기입니다.'

　이제는 이런 포스팅 하단 문구를 봐야만 진짜 정보성 있는 정보로 받아들여진다. 이처럼 눈에 보이는 마케팅 장치로 소비자를 사로잡을 수 없다면 무엇으로 구매 욕구를 자극할 수 있을까? 아는 사람들도 많겠으나 그 효용 가치가 있어 매슬로우의 욕구단계설로 이에 대해 설명해 보고자 한다.

　매슬로우는 인간의 욕구 5단계 즉, 최하위 단계인 생리적 욕구부터 시작해서 안전의 욕구, 애정과 소속감의 욕구, 존경의 욕구 그리고 최종적으로 가장 상위 단계인 자아실현의 욕구로의 단계 진행에 따른 인간의 동기 부여를 설명한다. 그는 하위 단계의 욕구가 충족되어야 상위 단계의 욕구로 진행된다고 본다. 그리고 그의 이론에 따르면 욕구

출현의 진행 방향이 상향 일변도의 흐름을 갖고 있어 동기 부여에 있어서 하향식 욕구 출현은 나타나지 않는다.

이후 그의 이론에 대해 비판하는 학자도 많고 이를 보완하는 다른 동기 이론도 여럿 나왔다. 그의 이론이 당시의 시대에만 의미가 있고 한꺼번에 많은 욕구를 동시에 해결하기도 하는 지금은 그 논리가 타당하지 않을 수도 있다. 하지만 마케팅에서의 그의 이론은 상위 욕구를 가진 자에게 하위 욕구를 자극하는 행위로 소비의 동기 부여가 일어나지 않는다는 점에서 어느 정도 공감하게 된다.

SNS 마케팅 글쓰기를 할 때도 이를 항상 염두에 두어야 한다. 생존을 위한 기본적인 욕구를 자극하는 글로는 고객의 마음을 붙잡을 수 없다. 진짜 생존 자체를 위협받는 고객은 당신의 글조차 읽을 여력이 없을 테니까. 더구나 기본적 욕구는 자신의 생존과 연관이 있어 굳이 광고를 하지 않아도 제품 존재에 대한 인지와 지불 능력만 있다면 구매하게 된다. 이와 반면에 더 높은 차원의 욕구를 자극하는 마케팅 글쓰기는 잠재 고객에게까지 확실한 동기부여를 시켜줄 수 있다.

많은 젊은 여성들에게 다이어트 식품으로 잘 알려진 곤약 젤리. 이 곤약 젤리는 탄수화물의 포만감을 충만히 느낄 수 있는 반면에 칼로리는 적어 다이어트에 효과적이라고 알려졌다. 주목받고 있는 만큼 시중에 곤약 젤리를 판매하는 회사도 많아졌다. 수많은 곤약 젤리를 판매하는 회사 중에 소비자들의 마음을 잡을 곤약 젤리는 어떤 광고일까. 곤약 젤리를 찾는 사람이라면 곤약 젤리의 포만감에 대한 효능 정도는 익히 알고 있을 것이다. 그런 고객에게 '하나만 먹어도 배불러요!'라고 말하며 생리적 욕구에 호소하는 광고는 별 영향을 미치지 못한다. 광고는 정보를 전달하는 것이 목적이 아니라 고객을 구매 영역으로 직접 끌어들이는 것이 목적임을 잊지 말아야 한다. 적어도 곤약 젤리의 잠재 고객이 '다이어트하는 여성'이란 사실을 고려했다면 그보다는 모든 여성들의 워너비 몸매를 가진 여자가 다른 여성들로부터 선망의 눈

출처: 프롬바이오 SNS 홍보 게시물

길을 받으며 '부러우면 너도 ○○○먹어봐.' 하는 광고가 더 효과적이지 않을까. 고객의 기본적인 욕구는 경쟁 회사의 더 저렴한 상품도 채워 줄 수 있으니 말이다.

우리가 마케팅을 할 때 중요하게 고려하는 것 중 하나가 타깃팅Targeting 이다. 타깃팅이란 전체 시장에서 나의 상품을 전략적으로 마케팅할 목 표 집단을 정하는 일이다. 제품 및 시장 분석을 토대로 한 예상 잠재고 객 집단을 타깃으로 정했다면 이를 고려해서 세부 마케팅 전략을 정해 야 한다. SNS 마케팅 글쓰기에서도 타깃에 대한 분석은 중요하다. 타 깃에 대한 물리적, 심리적 분석이 동반되어야 구매 욕구를 제대로 자극 할 수 있다. 앞서 인간의 생존 욕구보다는 고차원의 욕구를 자극하는 마케팅 글쓰기가 필요함을 역설했다. 그런데도 모든 일에 예외라는 것 이 존재하듯 타깃에 대한 분석은 필요하다. 그 예외에 해당하는 사례 를 살펴보자.

무독성, 무형광, 천연성분, 초순수, 안전인증마크 획득

이는 유아용품에서 유난히 많이 볼 수 있는 단어들이다. 가습기 살 균제의 부작용 문제가 발생하고 먹거리로 장난치는 일부 부도덕한 기 업의 뉴스가 연일 보도되는 요즘에는 이런 단어에 더 주목하기 마련이 다. 나 또한 딸아이가 좋아하는 장난감 하나를 사더라도 안전성 인증 여부는 꼭 확인하는 편이다. 즉, 무엇이든 좋은 것만 주고 싶고 면역력 이 약한 우리 아이가 조금이라도 아플까봐 염려하는 엄마들에게는 다른 어떤 욕구보다 안전의 욕구를 채워주는 것이 먼저다.

만약 '엄마'라는 타깃을 여성이라는 특성에 초점을 맞추고 '대한민국 1퍼센트의 엄마들이 쓰는 명품 유모차'로 광고한다고 가정하자. 패셔너블한 디자인 혹은 손쉽게 작동 가능한 편리성에 대한 설명만 늘어놓고 정작 아가들의 안전을 고려한 설계에 관해서는 설명이 없다. 자극적인 카피 문구에 관심이 가긴 하지만 구매를 하자니 영 미덥지 않다. 무엇보다 아가의 안전이 우선인 엄마의 마음을 제대로 파악하지 못한 탓이다.

마케팅의 최종적인 목표는 오직 고객의 구매이다. 이러한 고객의 구매 행동을 이끌기 위해서는 앞에서 강조했듯이 고객에 대한 이해가 선행되어야 한다. 고객의 구매 욕구를 제대로 자극하기 위한 필수조건이다.

다행히 우리는 고객의 욕구 및 이해 분석이 쉬운 세상에 살고 있다. 즉, 쌍방의 소통을 중시하는 소셜미디어에서 온라인상의 왕래를 통해 고객의 욕구를 쉽게 파악할 수 있다. 또한 내가 업로드한 게시물에 대한 반응을 즉각 경험하고 수정할 수도 있다. 이것이 SNS에서 타깃 마케팅이라는 용어가 가능하게끔 만든 이유에 한 몫을 차지한다.

고객의 구매 욕구를 자극하는 말을 하고 싶은데 뭐라고 하면 좋을지 떠오르지 않아 고민인가. 먼저 잠재고객에 대한 이해를 위해 접근하라. SNS에서의 마케팅 글쓰기는 고객에 대한 진정한 이해를 바탕으로 타깃의 구매 욕구를 정확히 꿰뚫어볼 때 우리에게 기회를 제공한다.

PART
2

◆◆◆◆
방법만 바꿨을 뿐인데
매출이 오르는 글쓰기

CHAPTER 01

분명 광고지만 아닌 것 같은
세련된 설득의 글쓰기

무엇이든 짧게 써라. 그러면 읽힐 것이다. -조지프 퓰리처

"현대사회는 산소와 수소 그리고 광고로 이루어졌다."

광고학자 로버트 퀘랭이 한 말이다. 이 말처럼 우리는 수많은 광고 속에서 살아가고 있다. TV 프로그램을 시청할 때도 원하든 원하지 않든 광고를 봐야만 하고, 포털사이트에서 검색할 때도 검색광고가 가장 상단에 떠서 안 보고 지나칠 수가 없다. 하지만 현대인들에게 광고를 유심히 지켜볼 만한 시간적 여유는 그리 많지 않다. 언제부터인가 광고를 보지 않고 넘길 수 있는 버튼인 스킵Skip이란 단어가 외국어임에도 일상생활에서 자연스럽게 쓰이고 있으니 말이다. 마치 땡큐Thank you나 하이Hi처럼 말이다.

어떻게 하면 사람들의 시선을 광고에 붙잡아 둘 수 있을까? 사람들에게 기억되고 싶고 매출을 올리고 싶은 마케터라면 누구나 항상 하고 있는 고민일 것이다. 필자는 이 고민의 답을 다음의 광고에서 찾아보려고 한다. 오래되었지만 아직도 기억에 남는 광고가 있다. 바로 한 생

'Dove Real Beauty Sketches' 영상 중 일부, 출처: DoveUS YouTube

활용품의 회사에서 만든 '리얼뷰티Real Beauty캠페인' 광고다.

우리는 가끔 외모가 완벽해 보이는 연예인의 자신도 외모 콤플렉스가 있다는 답변에 놀라고는 한다. 실제로 전 세계의 4퍼센트 여성만이 자신을 예쁘다고 생각한다고 한다. 이 광고에서는 몽타주 전문화가가 직접 얼굴을 마주하지 않고 각각의 여성이 자신을 묘사하는 대로 그들의 모습을 그려준다. 그리고 이와 대조할 수 있는 타인의 시선으로 본 그 여성의 모습을 설명에 따라 그린다.

분명 한 사람을 그려낸 것인데 자신이 생각하는 나의 얼굴과 남들의 시선으로 그려진 얼굴 사이에는 너무 큰 괴리감이 존재한다. 참가한 여성들이 실제로 자신을 그린 두 그림을 마주했을 때 보여준 감정은 광고를 보는 우리에게도 뭉클함을 안겼다.

이 광고에서 회사의 로고나 상표는 단 한번, 마지막 메시지 '당신은 당신이 생각하는 것 보다 더 예쁘다You are more beautiful than you think.'의 다음에 등장할 뿐이다. 그런데도 이 광고는 많은 사람들에게 깊은 감응을 주어 브랜드 인지도와 매출 향상에서 놀라운 성과를 얻었다고 한다.

사실 이 광고는 제품 자체의 효과를 강조하지도 않았고 브랜드 자체를 알리려는 의도도 전혀 과하지 않았다. 오히려 현대 사회에서 '여자는 무조건 예뻐야 한다.'는 고정관념에 시달리고 있는 여성들에게 스스로 가진 아름다움에 대한 자각을 일으키는 공익광고에 가까운 듯 싶을 정도다.

이 광고가 3분가량의 긴 분량임에도 불구하고 많은 이들에게 알려진 이유가 여기 있다. 바로 광고 같지 않은 스타일로 소비자들에게 다가갔기 때문이다. 거기에 메시지를 담아 소비자들과 공감대를 형성하였기에 매출 상승의 효과로 연결된 것이다. 영상을 처음 접한 그 누구도 어느 브랜드의 광고일 것이라 예상치 못했기 때문에 신선했고 그 내용이 진부하지 않고 깊은 마음의 울림을 전해주었기에 공감대를 형성했다.

'광고 아닌 것 같은 광고'가 살아남을 수 있는 것은 어찌 보면 당연해 보인다. 우리가 접하는 수많은 광고는 하나같이 제품 자체의 효과를 부각시키거나 회사의 긍정적 이미지를 의도적으로 소비자에게 심으려고 한다. 이런 천편일률적인 방법으로는 소비자들에게 해당 모델의 연예인만 기억되거나 스팸으로 치부될 뿐, 소득을 얻을 수 없다. 오히려 종종 거부감이 생기기까지 한다. 이것이 '광고 아닌 것 같은 광고'를 만들어야 하는 이유이다.

하지만 '광고 아닌 것 같은 광고'를 만드는 데에 집중하느라 중요한 사실을 놓쳐서는 안 된다. 우리는 본질적으로 마케팅을 하기 위한 글쓰기를 하고 있음을 잊지 말자. 마케팅은 그 자체로 빛나지 않고 반드시 세일즈로 연결되었을 때 백 점 만점의 목적을 달성한 것이다. 창의력이 돋보이는 광고 제작에 몰두한 나머지 브랜드의 특징을 보여주는 핵심 가치가 빠지거나 고객에게 브랜드보다는 유머만 기억된다면 그 광고는 실패이다. 고객의 마음을 빼앗을 '광고 같은' 글쓰기를 해야 하는 이유이기도 하다.

기발한 광고를 쉽게 제작하는 방법으로 알려진 것 중에 '패러디' 광고

'단언컨대' 패러디를 일으켰던 베가아이언VEGA IRON 광고 장면

가 있다. 패러디는 꼭 광고가 아니더라도 유머코드를 활용한 개그 소재로 많이 쓰일 정도로 대중이 쉽게 접하고 있다. 반면에 마케팅으로서의 역할을 다하지 못하고 개그에서 끝날 위험 요소도 있어 조심스럽게 접근해야 한다.

'단언컨대' 네 글자만으로 화제가 됐던 광고, 많은 이들이 기억하고 있을 것이다. 메탈 소재로 만들어진 휴대폰의 이 광고 CF는 그 특성을 보여주는 문구를 이렇게 전달했다.

'메탈에게도 영혼이 있다면 물불을 두려워 않고 뛰어드는 용기와 어떤 시련에도 상처받지 않는 강인함, 차갑지만 약한 자를 감싸 안는 따뜻함을 가졌을 것입니다. 단언컨대, 메탈은 가장 완벽한 물질입니다.'

배우 이병헌의 중후한 목소리와 잘 어우러진 이 광고는 화제가 되어 이후 온라인상에서 많은 패러디가 나오기도 했다. 그리고 이를 패러디한 실제 광고가 제작되기도 했다.

'뚜껑에게도 영혼이 있다면 뜨거운 김을 두려워 않고 견뎌내는 인내와 어떤 시련에도 맛을 지켜내는 책임감, 덜어서 나눠 먹을 수 있는 따뜻함을 가졌을 것입니다. 단언컨대, 뚜껑은 가장 완벽한 물질입니다.'

팬택의 정식 허가를 받아 패러디하여 제작된 컵라면 〈왕뚜껑〉만의 특성을 잘 살린 광고다. 보는 사람들에게 흥미와 웃음을 선사하면서도 상품 자체 고유의 특성을 잘 표현해냈다.

앞서 말했듯, 패러디 광고라고 해서 항상 성공하는 것은 아니다. '패러디'라는 요소 자체가 주는 기발함에만 주목하여 브랜드의 특성과 융합을 이루지 못하기 때문이다. 내가 중학생이었던 시절, 등굣길 사춘기 소녀의 감성을 자극했던 벽보가 온 길가에 붙었다.

'선영아 사랑해.'

선영이라는 여자를 좋아하는 어느 용기 있는 한 남자의 고백에 선영이가 아닌 나도 설렜다. 같은 여자로서 부러움도 있었고 그 남자의 고백을 응원하기도 했다. 하지만 여성 포털사이트의 광고로 드러났다.

이후 이 티저광고는 많은 패러디를 양산했다. 실제로 작은 골목상권에서도 이를 패러디한 간판이 걸려있었다. '선영아 ○○해.' 또는 '○○아

사랑해.' 당시 이 문구를 패러디한 포스터나 배너광고 등이 유행처럼 번졌다. 결혼정보 회사, 게임 산업, 외식업 등 다양했으나 대중의 기억에 남는 브랜드는 하나도 없다. 단순히 카피 문구만 패러디하는 데에서 그치고 자체 고유의 특성을 담아내지 못한 탓이다.

패러디뿐만 아니라 다양한 SNS 마케팅에서의 글쓰기 역시 고객의 마음을 훔치는 '광고 같은' 기술이 필요하다. 스킵Skip 버튼에 손이 가도록 만드는 광고 같은 기술이 아니다. 마케팅의 핵심이 제품을 설명하거나 알리는 데에서 끝나는 것이 아니라 고객 설득을 목표로 한다는 사실을 기억하자. 따라서 '광고 같지 않은' 광고로 사람들의 관심을 끌어낸 이후 잠재고객으로 하여금 구매하고 싶도록 자극하는 '광고 같은' 기술이 요구된다.

물론 광고 같지 않은 광고로 고객의 이목을 끌기가 쉽지는 않다. 하지만 그 기회는 분명 SNS 마케팅 글쓰기에서 더 많아 보인다. 소통을 중시하는 SNS에서는 특히 더 그러하다. 카드뉴스 혹은 포스팅을 활용하여 광고 같지 않은 광고로 고객의 일상에 자연스럽게 접근해보자. 그리고 일상의 가치를 발견하여 고객을 끌어들임으로써 '광고 같은' 기능을 하는 글쓰기에 돌입해보자.

CHAPTER 02

마케팅에도
연애의 기술이 먹힌다?

**글을 쓰고 싶다면, 정말로 뭔가를 창조하고 싶다면,
넘어질 위험을 감수해야 한다.** - 알레그라 굿맨

'마케팅을 하는 데에도 연애 기술이 필요하다고? 나는 모태 솔로인데.'

혹시라도 독자 분들 중 이런 생각을 하신 분이 있다면, 반드시 한번은 사랑을 해보라고 말하고 싶다. 열렬한 사랑을 하지는 않았어도 사랑에 한 번 데여보기라도 하고 오라고. 대체 마케팅을 하는 데에 왜 사랑 타령을 하는 걸까.

마케팅은 연애와 같이 사람의 마음을 얻는 것이다. 연애할 때의 사람의 감정은 참 복잡, 미묘, 섬세한 것이라 단순히 사랑하는 마음으로는 관계를 지속할 수 없다. 연애하는 기술이 필요하다. 우리는 종종 연애의 기술이 부족하여 사랑에 실패하기도 한다. 그런데 마케팅에서만큼은 이 기술이 부족하여 고객을 나 스스로 돌려보내는 일이 없어야 한다.

나는 지금의 신랑을 만나기 전, 소개팅을 서너 차례 했다. 주변에서 감사하게도 좋은 분들을 소개해 주신 덕분에 누가 봐도 괜찮은 분들이

소개팅 상대로 나왔다. 그렇지만 그런 분들이 나에게 매력적으로 느껴지지는 않았다. 그중 기억에 남는 에피소드를 얘기해볼까 한다. 한의원 개원 준비를 하고 있던 한의사분이었다. 비가 오던 날이라 소개팅 장소에 예상보다 10분가량 늦게 도착했다.

"늦어서 죄송합니다."

먼저 약속장소에 도착해 계셨던 그 분은 헐레벌떡 뛰어들어와 인사하는 내게 자리에서 일어나지도 않고 의자에서 목 인사만 건넸다.

'나를 보자마자 말 한마디 안 나누고 마음에 안 들었을 리 없고, 약속 시각에 늦어서 기분이 상한 건가?'

예의 없는 그의 인사에 일단 나도 처음부터 기분이 상했다. 그래도 첫 단추는 약속 시간에 늦은 내가 잘못 끼웠으니 티는 내지 않기로 했다. 음식을 주문하고 얘기를 나누며 다행인지 아닌지 그분께서 내게 호감을 나타내기 시작하셨다.

다만 그 호감을 표하는 방식이 서투르셨다. 여의도에 본인 명의로 된 오피스텔을 하나 갖고 있다는 이야기서부터 차를 두 대 보유하고 있는데 외제차는 소개팅녀가 겉모습만 보고 호감을 보일까 봐 안 가지고 왔다는 이야기 등, 처음부터 끝까지 본인 소개인지 자랑인지 모를 얘기만 늘어놨다.

나에 대해 질문은 하지도 않고 어쩌다가 내가 이야기를 받아 이어 나가려고 하면 또다시 자랑거리가 그의 입에서 쏟아져 나왔다. 그날 나는 소개해 준 사람을 생각해서 자리를 박차고 나가고 싶은 것을 꾹 참

았는데 애프터 신청은 결국 거절했다. 또다시 그의 자랑거리를 들어줄 아량이 없었기 때문이다.

소개팅에서 잘 보이고 싶은 마음에 상대방의 얘기는 들어주지 않고 자랑거리만 늘어놓아서는 그야말로 모태솔로를 벗어날 수 없을 것이다. 지금은 이전에 만났던 소개팅남과는 반대로 첫 만남에서 자신의 차를 태우며 겸손하게 "제 차가 좀 작죠." 했던 남자와 결혼하여 실제로 '겸손한(?)' 생활을 하고 있다. 하지만 지금의 남편이 소개팅 날 나의 얘기에 귀 기울여주고 진심 어린 관심을 표하지 않았다면 결혼에 성공하지 못 했을 것이다.

고객을 대할 때도 마찬가지이다. 고객이 지닌 문제점과 니즈를 파악하지 않고 오로지 자신의 상품에 대한 장점만 구구절절 늘어놓는다면 고객은 발길을 돌릴 것이다. 마케팅 글쓰기에서도 이 사실을 잊지 말자. 제품의 장점을 포장해서 알리려고 하지 말고 이 제품을 찾을 고객이 불편했을 문제에 대해 속 시원한 해결방법을 제시해보자. 먼저 고객의 문제에 대한 이해와 공감을 표시하여 '저는 물건을 팔려는 게 아니에요. 고객님의 문제를 해결해 주고 싶을 뿐이에요.'라고 말함으로써 고객의 마음을 열게 한다. 소통을 기본원칙으로 하는 SNS 마케팅에서는 고객의 목소리에 더욱 집중할 수 있다. 상품에 대한 열 가지 자랑거리를 줄줄이 적기보다 예상 고객의 니즈를 정확히 충족시켜 줄 수 있는 한 가지 장점이 고객의 지갑을 열게 한다.

가끔은 고객의 니즈를 파악하는 일이 어려울 때도 있다. 연애할 때는 어떠한가? 남편과 나의 경우를 떠올려보면 남녀 간의 문제는 종종 심리 차이에서 비롯된다. 1년여 기간 연애할 때는 한 번도 싸운 적 없이 마냥 좋았던 우리지만, 결혼생활을 하면서는 가끔 별 일 아니지만 남편에게 대놓고 말하기는 치사한 것 같고 말을 안 하고 넘어가자니 서운한 것들이 종종 있다. 그럴 때면 나는 굳이 말을 안 해도 남편이 내 마음을 알아줬으면 하는 마음이다. 그런데 그 마음이 어쩔 수 없이 표정에 드러나는가 보다.

"왜 입이 그렇게 나왔어? 뾰로통하게 있지 말고 말해봐!"

그때마다 남편은 항상 내가 요구사항을 직접 말해주기를 바란다. 결혼 7년 차, 아직도 서로에게 맞춰가는 연습을 하는 중이지만 이러한 심리 문제는 우리 부부뿐만 아니라 많은 커플들이 겪는 갈등 같아 보인다.

때로는 말하지 않아도 알아줬으면 하는 여자처럼 고객에게도 세심한 관찰이 필요하다. 그렇다고 고객에게 당신의 문제점이나 필요사항을 얘기해보라고 다그칠 수는 없는 노릇이니깐. 고객의 마음을 헤아리려는 노력이 더해지지 않으면 고객은 떠나가고 만다. 고객이 어떠한 문제나 요구 사항을 먼저 말해주기를 기다리지 말고 사랑하는 연인의 얼굴을 세세히 들여다보듯 고객 앞에 먼저 다가서는 것이 마케터의 자세다.

고객의 관심사나 심리파악에 대한 노력은 SNS에서 그리 어렵지 않다. 무엇보다 우리는 SNS가 선사한 최고의 탄생물인 키워드 혹은 해시태그를 활용할 수 있다. 제품을 사용한 후 블로그 후기를 적은 고객이 핵심 키워드로 적어놓은 단어를 살피고 사용 후의 느낌을 표현한 해시태그를 꼼꼼히 살펴본다. 그 속에서 미래 고객의 예상반응을 예측하고 명쾌한 해답을 선사하는 마케팅 글쓰기의 열쇠를 찾을 수 있다.

또한 고객이 궁금해 할만한 사항을 마케팅 글쓰기를 할 때 핵심 키워드로 작성하여 도달률(마케팅에서의 도달률이란, 얼마나 많은 사람들에게 광고가 노출되느냐를 뜻한다)을 높일 수도 있다. 예를 들어 웨딩드레스 제작·대여 업체에서 '#마른체형, #웨딩드레스' 혹은 '#체형별웨딩드레스'와 같은 키워드로 글쓰기를 하는 것이다. 이렇게 예상 질문을 미리 파악

출처: 웨딩샵 루아스포사 SNS 게시물 중 일부

하고 핵심키워드로 제공하는 것은 도달률을 높게 하여 브랜드 인지도를 높이는 데에 도움이 된다.

이외에도 마케팅과 연애는 많은 부분에서 닮은 듯하다. 이 책에서 일일이 다 늘어놓을 수는 없지만 기본적으로 마케팅도 연애도 사람을 대하는 것이기 때문에 생긴 공통 분모이다. 연애를 시작할 때 상대방의 마음을 사로잡는 기술이 오로지 고객의 마음에 집중하여 진정성 있게 접근하는 것과 같다. 연애 중 불타오르는 사랑을 더욱 뜨겁게 하는 스킨십은 고객과의 친밀한 관계를 유지하는 지속적인 소통과 비슷하다. 심지어 남남으로 헤어질 때의 마지막 배려는 어쩌면 불만고객의 마음을 최소한으로 누그러뜨리는 A/S와 같다. 즉, 마케팅은 연애와 같이 사람의 마음을 잘 다룰 줄 알아야 한다는 사실을 잊어서는 안 되겠다. 이 책을 읽고 있는 당신이 마케팅 글쓰기를 해야 한다면 지금 바로 당신의 연애세포를 깨워야 하지 않을까.

CHAPTER 03

고객의 마음을 스스로 열게 하는 스토리텔링의 힘

성공은 종종 실패가 불가피하다는 것을 모르는 사람들에 의해 달성된다.
- 가브리엘(코코)샤넬

Man Always Remember Love Because Of Romance Over

(남자는 흘러간 로맨스 때문에 항상 사랑을 기억한다).

미국 담배 제조 회사 필립 모리스Philip Morris Inc.의 브랜드 말보로 (Marlboro)의 어원이다. 이 어원에 숨겨진 이야기는 이렇다. 1800년대 말 미국에서 있었던 일이다. 가난한 학생 신분이었던 남자는 한 지방의 부유층 집안의 딸과 사랑에 빠진다. 여자의 부모는 둘 사이를 반대하여 딸을 멀리 친척 집에 보내버린다. 남자는 사랑하는 여자를 찾아 헤맸지만 만날 수 없었다. 비가 추적추적 내린 어느 날 그는 허망한 마음에 그녀의 집 앞으로 갔다. 마침 그날은 여자가 집에 돌아오는 날이라서 둘은 반갑게 해후를 할 수 있었다.

"나 내일 결혼해."

기쁨도 잠시 여자의 말에 남자는 말한다.

"내가 담배 한 대 피우는 동안만 내 곁에 있어 줄래?"

남자는 잎담배에 불을 붙였고 그 담배는 빠르게 타들어 갔다. 짧은 시간이 지나 여자는 결국 집 안으로 들어가 버렸고 이렇게 둘의 사이도 끝나버렸다. 이후 남자는 친구와 동업하여 조금씩 타들어 가는 필터가 있는 담배를 세계 최초로 만들어 백만장자가 되었다.

세월이 흐르고 남자는 그녀의 소식을 듣게 된다. 남편도 죽고 빈민가에서 외로이 병마와 싸우며 지내고 있다고. 이 소식을 들은 남자는 여자를 찾아가서 아직도 사랑한다고 말하며 결혼해달라고 한다. 여자는 시간이 필요하다고 하여 남자는 다음날 다시 오겠다고 하고 떠난다. 하지만 다음 날 그녀를 다시 찾아갔을 때 남자가 발견한 것은 목을 매단 채 죽어있는 그녀의 싸늘한 시신이었다.

이후 남자는 자신이 만든 담배에 말보로Marlboro라는 이름을 붙였다는 스토리이다. 이 로맨틱한 이야기는 말보로 브랜드를 알리기에 충분했다. 우리는 이렇게 마케팅에서의 스토리텔링을 통해 브랜드를 보다 쉽게 기억하고 브랜드의 이미지를 경험한다. 상대방에게 전달하고자 하는 뜻을 더욱 재미있고 생생하게 효과적으로 전할 수 있는 스토리텔링은 스피치 기법으로 주목받을 뿐만 아니라 소비자의 마음까지도 움직이는 힘을 지닌다. 따라서 스토리텔링 마케팅은 외식, 관광, 의료 등 다양한 분야에서 활용되고 있다. 최근에는 SNS상에서 한 기업이 아닌 퍼스널 브랜딩을 시도하는 움직임으로도 활용된다.

하지만 전문적인 마케터가 아니고서야 스토리텔링이 마케팅에 효과적이라는 것은 알지만 어떤 이야기를 브랜드 혹은 상품에 담아야 할지 어려워하기 마련이다. 스토리텔링에 관한 많은 서적이 이미 출간되고 강연이 이루어지고 있지만 여기서 필자가 생각하는 스토리텔링의 핵심은 이렇다.

스토리텔링을 한다고 꼭 말보로처럼 영화로 제작할 만한 대단한 시나리오를 구성할 필요는 없다. 스토리텔링이 효과적인 근본적인 이유는 누구나 공감할 만한 이야기로 소비자의 감성을 터치하는 데에 있다. 누구나 공감할 수 있는 이야기는 스펙터클하거나 특별한 것이 아닌 우리의 일상에 작은 가치를 더한 이야기이다. 이러한 스토리텔링이 더 마음에 와 닿는 법이기 때문이다.

대한민국에서 ○○○으로 산다는 것

이 캠페인을 활용한 피로해소제 박카스의 광고는 우리가 모두 겪는 생활 속 이야기로 29초의 공감을 끌어냈다. 엄마, 남자친구, 학부형, 아줌마 등 이들의 대한민국에서 살아가는 모습을 그려낸 이 광고는 마치 나의 이야기를 보고 있는 듯하다. 누구나 피로하게 살아가는 모습이 위안이 되기도 하고 서로의 피로를 들여다보고 응원하는 메시지를 전하기도 한다.

개인적으로는 앞에서 언급한 말보로 스토리텔링 사례보다 박카스의 광고가 더 좋다. 그 이유는 아마도 말보로의 사례가 마케팅을 위한 허구적 이야기를 바탕으로 한 반면에 박카스는 일반인들의 광고제 수상

박카스 '대한민국에서 ○○○으로 산다는 것' 시리즈 광고 중 일부

작인 만큼 더 현실감 있는 우리들의 이야기인 까닭이다. 스토리텔링을
하는 방법이 거창하고 극적인 이야기를 떠올릴 필요는 없다. 그보다 우
리의 생활 속에서 의미를 부여하는 것이 소비자의 마음을 더 파고든다.

스토리텔링이 빛을 발했던 때가 나에게도 있었다. 대학 졸업을 앞
두고 한창 대기업 취업을 목표로 이력서를 지원할 때였다. 지금도 뭇
대학생들에게 대기업 취업이 쉬운 일은 아니겠지만 당시에도 연일 뉴
스에서 청년실업 문제 혹은 취업준비생들의 열기를 담아낼 만큼 사회
적 이슈로 다루기에 충분했다. 그리고 나 역시 대기업 취업의 벽이 높
음을 수십여 곳의 지원과 탈락에 대한 좌절을 반복하며 뼈저리게 느꼈
다. 서류심사와 필기시험 통과 후 몇 번의 면접을 보게 되었을 때 그 기
회만으로도 감사하며 정말 온 힘을 다해 임했다.

그중 채용형 인턴 모집을 했던 L사에서 본 면접이 아직도 기억에 남

는다. 면접관 중 한 분께서 내가 사전에 제출했던 자기소개서를 살펴보며 질문하셨다.

"항상 긍정적인 사고를 하는 것이 본인의 장점이라고 적어놨는데 실사례를 얘기해 보세요."

거짓을 적어놓은 것도 아니고 분명 매사에 스스로 긍정적으로 사고하며 행동을 해 왔다고 자부했는데 질문을 듣는 순간 머릿속이 하얘졌다. 몇 초의 급박한 시간이 지나고 문득 취업준비생으로서 행했던 적절한 사례가 떠올랐다.

"취업을 준비하며 솔직히 귀사 외에도 많은 회사에 자기소개서를 제출했습니다. 처음에는 그 파일들을 합격 여부에 따라 패스Pass 폴더와 페일Fail 폴더로 나누어 담았습니다. 좌절하기도 했었지만 자신감을 잃지 않도록 스스로 용기를 내기로 했습니다. 더 좋은 회사에 취직하기 위한 기회라는 긍정적인 생각으로 페일Fail 폴더의 폴더명을 드림스 컴 트루Dreams Come True로 이름을 변경한 덕분에…."

말줄임표에 해당하는 말은 '지금 이 자리에서 면접을 볼 수 있는 기회를 얻었다고 생각합니다.'라는 뜻이 담겨 있었다. 하지만 갑자기 감정이 북받쳐 눈물이 터져 나와 끝내 말을 잇지 못했다.

이 면접의 결과? 최종 합격이다. 면접장에서 말도 제대로 못 하고 눈물을 쏟아냈으니 불합격의 고배를 마시게 되는 건 아닌가 걱정을 조금도 안 한 것은 아니다. 하지만 그보다는 나의 이야기에 면접관들도 마음이 뜨거워짐을 느꼈다.

어쩌면 인사부 관리자로서 많은 취업준비생의 노력과 간절함을 누구보다 가까이서 느껴왔기에 내 이야기에 더 공감을 해주셨는지도 모르겠다. 하지만 만약 내가 그때 당시 더 대단한 사례를 말한다고 허구적 요소를 가미해서 모범 답안을 준비했더라면 면접관의 마음을 움직이지는 못 했을 것이란 생각이 든다. 그리고 눈물을 닦으라고 주셨던 손수건을 받지 못했을 것이다. 소소하지만 나의 가치관을 보여줄 수 있는 '진짜' 이야기였기에 면접관의 마음을 끌 수 있었다.

스토리텔링을 아직도 어렵게 느끼고 있는가? 스토리텔링은 화려한 기교나 독특한 기술이 필요한 것이 아니다. 이 책을 읽는 독자라면 분명 비즈니스의 매출 향상이라는 목적을 가지고 스토리텔링을 하려고 할 것이다. 금전적 결과를 내야 한다는 욕심에 스토리텔링의 본질을 잊지 않는다면 한결 쉽게 고객을 사로잡을 수 있다. 독일 속담에 이런 말이 있다.

'금의 아름다움을 알게 되면 별의 아름다움을 잊어버린다.'

물질적인 것을 좇다가 본질적인 아름다움을 놓치는 것에 대한 경각심을 일깨워주는 속담이다. 고객을 자극하려는 화려하고 거창한 이야기를 만들어내기보다는 우리의 가까이에 있는 일상 속 이야기로 고객을 유혹하라. 그리고 누군가는 그냥 지나칠 그 이야기에 의미를 더하고 자신만의 가치관을 그려내어 보라. 그것이 당신의 이야기에 누가 봐도 아름다운 별을 달아줄 것이다.

CHAPTER 04

글쓰기에도 자신만의
스타일이 필요하다

**오직 한 가지 성공이 있을 뿐이다. 바로 자기 자신만의 방식으로
삶을 살아갈 수 있느냐이다.** -크리스토퍼 몰리

점잖아 보이지만 놀 땐 노는 사나이

때가 되면 완전 미쳐버리는 사나이

근육보다 사상이 울퉁불퉁한 사나이

그런 사나이

…

오빠 강남스타일

2012년, 전 세계에서 최고의 인기를 누렸던 가수 싸이의 〈강남스타일〉 가사의 일부이다. 강남스타일이 뭐기에 제목으로 등장한 것일까. 우리 대부분은 '강남스타일' 제목만 듣고 특정지명 '강남' 하면 떠오르는 이미지, 부유함을 누리며 향락하는 세계를 노래했다고 생각한다. 이렇게 스타일이란 특정 단어를 충분히 설명하고 그것만이 가진 고유한 형식을 뜻한다. 즉, 어떤 하나의 스타일을 가지고 있다는 것은 대표

되는 형식이 있다는 것이고 그것이 고유한 개성으로 발현되어 기억에 남는 인상을 준다.

글쓰기에도 스타일이 존재한다. 글쓰기에서 스타일이란 그 작가만의 문체라고 할 수 있다. 문체는 작가의 사상이나 개성이 글의 어구나 단어를 선택함에 있어서 표현된 글의 특색이다. 유명작가들은 저마다의 문체를 가지고 있으며 우리는 그 문체에서 작가만의 색깔을 느낄 수 있다. 문체를 통해 느껴지는 작가의 개성이나 떠올려지는 이미지는 독자들에게 팬심을 유발하기도 한다. 종종 좋아하는 작가의 다음 책을 리뷰에 대한 아무런 정보 없이 구매하게 만드는 것도 문체가 존재하는 까닭이다.

이렇듯 독자의 마음을 얻는 글쓰기에 있어서의 문체는, SNS 글쓰기에서도 큰 힘을 발휘한다. 작가의 문체가 독자의 마음을 얻기 위해 존재한다면, SNS 마케팅 글쓰기에 스타일을 입는다는 것은 고객의 마음을 끌리게 하는 것이다. 작가의 문체에 그 작가의 사상이나 개성이 묻어나는 것처럼 SNS 마케팅 글쓰기에서의 스타일은 고유한 브랜드의 이미지를 형성하는 데 매우 중요하다. 브랜드의 이미지를 형성하는 것은 사소한 디테일에서 만들어지는 것이므로 글쓰기에 스타일을 입히는 일 또한 신중하게 접근해야 한다.

우리나라에서 잘 알려진 화장품 브랜드 두 가지를 비교하여 각각의 SNS에서 글쓰기의 스타일을 살펴보자. 화장품 '더 히스토리 오브 후'는 화장품 병의 디자인부터 고급스러움을 강조하며 '왕후의 피부를 위한 고품격 궁중 브랜드'로서의 이미지를 구축하여 소비자들에게 마케팅을 진행해오고 있다. 이러한 브랜드의 이미지가 글에도 잘 녹아있는지 살펴볼 필요가 있다.

아름다운 궁중 정원을 바라보던 왕후가 착용한
예복의 화려함을 #스페셜에디션에 옮겨 담았습니다.
-
기품있게 화려한 색감으로 물든
#비첩연향세트를 만나보세요.
-
Exquisite design possessing the dignity of an empress
Motivated by the dress of an empress worn at a'Royal Banquet'
-
Meet our new #Bichup#Royalbanquet#Specialset
Beautifully colored with vivid colors.

인스타그램 공식계정에 올라와 있는 게시물을 그대로 적어놓은 것이다. 하나하나 단어를 선택하면서 '아름다운', '예복', '기품', '화려함' 등이 가져오는 왕실의 품격이 느껴진다. 그뿐만 아니라 문체, 즉 스타일에서도 왕후의 기품과 정갈함이 느껴진다. 존대어를 사용하여 말을 끝맺은 것과 SNS에서 흔히 빠지고 마는 마침표를 찍어준 것이 흐트러짐

'더히스토리오브후' 공식계정 포스팅 중 일부

없는 정숙함을 더욱 잘 표현한다. 그리고 아마도 이 게시물을 올린 마케터야말로 트렌드나 젊은 감각에 뒤처지는 것이 아닐 테다. 트렌드를 읽는 데에 더 빠르고 센스 있는 감각을 지녔을 마케터임에도 불구하고 이모티콘 사용을 엄격히 배제한 것은 가볍지 않은 글에서 느껴지는 기품을 보여주려는 듯하다. 또한 우리말로 적은 게시물의 내용을 그대로 영어로 옮겨 적어 놓았다. 물론 우리나라의 화장품이 세계적으로 인정받고 해외에서 많이 찾는 까닭에서이지만 타 화장품 브랜드에서는 화장품에 대한 설명만 영어로 적은 것에 비해 마치 글로벌 고객까지 두루 배려한 왕실의 품격을 알리는 듯하다.

다음은 젊은 세대를 겨냥한 화장품 브랜드 '에뛰드 하우스'의 인스타그램 공식 계정에서 발췌한 내용이다.

Skin Soothing Item for Long Trip Back Home
Hypoallergenic and Refreshing Moisture Care
New 3 Step SoonJung Skincare Set
.
길~고 긴 귀성길&귀경길(기차 이모티콘)
지친 피부를 진정시켜주는 #스킨케어루틴
New 순정 스킨케어 3종 세트(물방울 이모티콘)
.
산뜻한 저자극 성분으로 부드럽고 산뜻하게!
지친 피부를 기초부터 건강하게 케어!
한가위 추석에도 어김없이 꿀/피/부 연출(반한 얼굴 이모티콘)

풍~성한 한가위 추석!(단풍잎과 밤 이모티콘) 보름달처럼 꽉 찬 혜택 득템하러 고고!

한눈에 봐도 글에서 발랄함과 싱그러움이 느껴진다. 가장 먼저 글의

'에뛰드하우스' 공식계정 포스팅 중 일부

내용과 조화를 이루는 이모티콘이 눈에 들어와서 생기 있어 보인다. 또한 점잖은 존대어보다는 부사어와 느낌표로 문장을 끝맺어 밝은 느낌을 더한다. 단어의 선택에서도 '꿀피부', '득템' 등의 단어를 활용함으로써 젊은 감각을 더하고 있다. 이것은 제품의 타깃 고객층이 많이 사용하는 단어로 접근하여 보다 친근감을 형성한다고 할 수 있다.

두 화장품 브랜드의 이미지에서 떠오르는 느낌을 생각해보자. 디자인, 광고모델, 광고음악, 제품의 색상 등 작은 사소한 것들에 브랜드의 이미지가 스며들어있다. SNS에서의 글쓰기도 마찬가지다. 앞서 살펴본 두 글을 아무런 정보 없이 읽었을 때, 우리는 어느 브랜드의 홍보 글인가를 놓고 두 개의 브랜드 선택지에서 알맞은 답을 고를 수 있다. 브랜드의 이미지가 글 안에 고스란히 녹아있기 때문이다.

마찬가지로 SNS 마케팅 글쓰기를 하고자 한다면 이에 앞서 추구하고자 하는 브랜드의 이미지를 떠올려보자. 그것이 어떤 방향이건 SNS 마케팅 글쓰기에 녹여낸다면 이를 통해 브랜드의 이미지가 고객에게 스며들 것이다. '하나의 스타일을 가진다'는 것은 추구하는 브랜드의 이미지를 확고히 정립하는 데에 빠른 길로 안내한다.

CHAPTER 05

공감은 광고 보다
힘이 세다

창의성이란… 아직 존재하지 않는 것을 보는 것이다. 그것을 존재하도록 하는
방법을 찾아내고 그렇게 신의 친구가 되는 것이다. - 미셸 쉬어

'그럴 때 있으시죠?'

임신 중이었을 때, 밤늦은 시간에 방영했음에도 불구하고 꼭 챙겨 보
던 TV프로그램이 있다. 바로 〈김제동의 톡투유 - 걱정말아요 그대〉였
다. 방청객을 초대하여 실제 청중의 고민거리를 듣고 김제동 씨와 기타
전문가들이 함께 이에 대한 이야기를 나누며 소통하는 토크콘서트 형
식의 프로그램이었다. 이 프로그램을 보면서 가장 많이 들었던 김제동
씨의 멘트가 바로 '그럴 때 있으시죠?'가 아닐까 싶다. 같은 말의 제목으
로 그가 집필한 책이 나오기도 했다. 그만큼 그는 이 프로그램의 진행
자로서 누군가와 공감을 나누는 데에 준비된 사람이란 생각이 들었다.

이처럼 나와 비슷한 경험을 하고 나와 같은 생각을 하고 나와 같은
미래를 꿈꾸는 이들에게 우리는 조금이라도 마음이 더 가곤 한다. SNS
에서는 이런 글을 보게 되면 하트를 꾸욱 눌러 공감의 표현을 대신한
다. '소통'이라는 해시태그가 인기를 끄는 가운데 공감을 얻는다는 것

은 매우 의미 있는 일이다. 우리가 SNS상에서 새로 친구를 만나 서로 소통하기를 약속할 때 공감이 기본이 되는 까닭이다. 이것이 마케팅의 영역으로 넘어온다면, 고객의 하트는 브랜드의 인지도를 향상시키고 구매 욕구를 자극한다.

이러한 이유로 마케터들은 언제나 공감을 불러일으키는 콘텐츠와 글을 쓰기 위해 고민한다. 하지만 이미 SNS상의 광고에 신물이 난 유저들에게 공감을 일으키는 콘텐츠와 글을 쓰기란 쉬운 일이 아니다. 그런데도 SNS상의 '좋아요'는 곧, 브랜드에 대한 '좋아요'로 연결되기에 스팸으로 치부되고 마는 광고 콘텐츠가 아닌 고객에게 기억되는 콘텐츠를 제작하기 위한 글쓰기를 준비해야 한다.

우리가 누군가의 말에 공감이 간다고 한다는 것은 기본적으로 비슷한 경험을 보유할 때 가능하다. 아무리 재미있는 대화라도 마음에 와닿아 고개를 끄덕이게 되는 순간은 한 번쯤 나도 그러한 때가 있는 경험 이야기다. SNS에서 글을 읽을 때도 나와 동떨어진 이야기보다는 내가 갖고 있는 생각을 누군가의 글로 읽었을 때 한 번 더 '♥(좋아요)'에 손이 간다.

인스타그램 컨설팅 교육을 진행하면서 건강식품을 판매하는 고객에게 맞춤형 솔루션을 제공하기 위해 #다이어트 해시태그를 팔로우한 적이 있다. 다이어트 제품을 홍보하는 피드가 하루에도 수없이 많이 올라왔다. 그중 내 기억에 남는 게시물은 다이어트 성공 효과를 홍보하기 위해 육안으로 두드러지는 대비 효과를 보여준 비포&애프터 Before & After 사진이 아니었다. 이런 사진은 어느 홍보물에서나 많이 보여주는 내용인 까닭이다. 그보다는 살이 쪘을 때 모든 것에 자신감 없고 대인기피증까지 있었던 사람이 다이어트로 변신에 성공한 후 일상 속에서 셀카를 찍는 것마저 행복하다는 글이 내 마음을 붙잡았다.

　나 또한 갑작스럽게 살이 많이 쪘던 고등학교 시절, 누군가를 만나지도 않고 남들 앞에 서는 걸 두려워했었기에 그 마음을 누구보다 잘 알기 때문이다. 그리고 다이어트를 직접 해본 사람으로서 자신의 경험을 풀어내고 있어 더욱 진실하게 느껴졌다. 표면적으로 보이는 성과치보다 때로는 진정성이 묻어나는 경험 이야깃거리에 우리의 마음이 열리는 이유다.

　물론 SNS 마케팅 글쓰기에서 공감을 얻어내기 위해 모든 일을 경험할 수 있는 것은 아니다. 다만, 마케팅을 하고자 한다면 분명 이를 홍보하려는 타깃을 정해야 하고 정확한 타깃팅을 위해 타깃에 대한 분석을 해야 한다. 그리고 이때, 그들이 필요로 하는 성과를 제시할 뿐만 아니라 그들의 마음을 들여다본다면 더 큰 효과를 가져 올 수 있음을 기억하자.

　취업을 준비하는 청년들은 물론이고 승진을 해야만 하는 직장인들에게까지 영어는 항상 넘어야 할 산이다. 너도나도 영어 시험 점수 올리기에 열을 올리는 만큼 관련 학습 기관과 온라인 교육 프로그램이 계속해서 늘어나고 있다. 때문에 업계에서는 자사의 교육 프로그램을 홍보하기 위한 경쟁이 매우 치열하다. 그 중 '산타토익'이라는 브랜드가 SNS상에서 많은 사람들이 공감할만한 콘텐츠와 글쓰기로 예비 고객들의 마음을 사로잡은 비결은 무엇이었을까.

"토익 따위 빨리 끝내고 시간을 더 가치 있게 쓰자."

짧은 글이지만 이 안에 담긴 메시지는 청춘들의 마음에 와 닿는 것이었다. 이 글과 함께 게재된 영상에는 배우 이순재 씨가 인생 멘토로 등장하여 청춘들에게 취업 준비를 위한 자격증과 토익 점수를 올리는 데에만 시간을 쏟지 말고 똑같은 시간에 '산타토익'으로 효율적으로 공부하고 더 가치 있는 일에 시간과 열정을 투자하라고 조언한다. 이를 접한 토익커들은 위로가 되었다는 반응과 함께 댓글로 큰 공감을 표했다. 댓글을 살펴보면 '산타토익으로 토익 정복해볼까?' 생각하는 예비 고객도 많아 광고 효과가 컸음을 알 수 있다.

만약 '산타토익'에서 기존의 토익 교육 기관과 마찬가지로 수강생들의 점수 향상을 내세워 광고하거나 젊은 세대가 좋아하는 인기 연예인만을 내세워 광고했다면 소비자들에게 깊은 인상을 주지는 못했을 것이다. 자사의 교육 효과를 간접적으로 알리면서 타깃 소비자들의 마음을 울렸기에 150만 조회 수를 기록하며 더욱 많은 사람이 이 콘텐츠를 보게 된 것이다.

이처럼 상업적인 광고라도 그것을 콘텐츠에 담아낼 때는 직접적으

유튜브 '산타토익' 이순재편 광고 중 일부

로 드러내기보다 타깃 고객층의 정서에 기반을 두어 접근하는 것이 좋다. 어떤 결과를 내세워 상품을 홍보하는 것은 한 눈에 보기에도 광고라고 써 붙인 것이다. 대신 눈에 보이지 않는 소비자의 내면 깊은 곳을 들여다보고 이를 이해하는 마음으로 글을 쓰면 소비자들은 광고에 대한 거부감을 느끼기 이전에 브랜드에 동질감을 먼저 갖게 된다. 이는 브랜드에 대한 긍정적인 이미지로 연결되어 성공적인 마케팅을 돕는다.

SNS 마케팅 글쓰기에서 '공감'을 얻는다는 것은 고객의 마음을 얻는 것이기에 매우 중요하다. 지금은 인스타그램의 로직이 변경되었지만 한 때에는 단순히 하트(♥,공감)를 많이 받으면 인기 게시물로 보여지기도 했다. 최근에는 단순한 '좋아요'의 수치로 인기 게시물을 판단하지 않고 관계도와 그 외 알고리즘이 반영되어 보여지지만 아직도 추천 게시물로 뜨는 피드를 볼 때면 많은 사람들의 공감을 얻는 것이 매우 중요함을 생각하지 않을 수 없다.

컨설팅을 하다 보면 공감을 얻기 위한 콘텐츠를 찾는 게 가장 어렵다는 것이 공통된 고민이다. 콘텐츠를 찾는 것도 어려운데 이를 표현하는 글쓰기란 더욱 쉽지 않다. 이런 고민을 하고 있을 마케터들에게 해주고 싶은 말이 있다. 타깃들의 공감을 얻고 싶을 때, 해야 할 일은 단순하다. 콘텐츠의 소재 찾기를 나의 생각이나 주장을 바탕으로 시작해서는 답이 나오질 않는다. 왜냐하면 나의 생각을 이해시키는 것보다 상대방이 가진 생각을 내가 먼저 읽어주는 편이 공감을 얻기에 훨씬 수월하기 때문이다. 타깃으로 하는 그들의 마음을 먼저 들여다보라. 직관적으로 보기보다는 본질을 보고자 하면 공감 요소를 찾기 더욱 쉽다. 그것이 바로 공감을 이끌어낼 콘텐츠의 소재이고, 이제 그들의 마음을 한 줄 한 줄 적어 내려간다면 훌륭한 마케팅 글쓰기의 토대를 마련할 수 있다. 내가 먼저 그들의 마음을 공감하려는 노력을 기울일 때 그들도 나에게 공감한다는 것을 항상 기억하자.

CHAPTER 06

글쓰기의 시작이자 끝
콘셉트

**조금도 위험을 감수하지 않는 것이 인생에서 가장
위험한 일일 것이라 믿어요.** -오프라 윈프리

'○○ 레스토랑, 고유의 콘셉트로 상권 경쟁력 높아져'

　'유망 프랜차이즈 창업 아이템, 차별화된 콘셉트로 경쟁력 높여'

　'4계절용, 묵은지 숙성, 육류·과일 특화···110만대 김치냉장고, 콘셉트 경쟁'

　'추秋캉스의 계절, 호텔가 콘셉트 경쟁 치열'

　'소확행, 케렌시아, 워라밸··· 가구업체들의 콘셉트 경쟁'

　경제신문을 읽다 보면 콘셉트와 관련된 기사 제목을 자주 접한다. 위의 기사 제목에서도 알 수 있듯이 마케팅에서의 콘셉트는 시장에서 경쟁력을 확보하는데 주요한 역할을 한다. 그렇다면 콘셉트란 무엇인가. 어학사전에서는 '어떤 작품이나 제품, 공연, 행사 따위에서 드러내려고 하는 주된 생각'이라고 설명한다. 즉, 마케팅 분야에서의 콘셉트란, 제품 혹은 서비스를 통해 고객에게 전하려고 하는 주된 메시지라

할 수 있다.

콘셉트가 있어야 타 브랜드와의 차별성을 확보할 수 있고 이것을 바탕으로 고객들에게 깊은 인상을 남길 수 있다. 따라서 콘셉트는 제품 생산 단계에서부터 직접 고객에게 노출하는 마케팅 단계에 이르기까지 전 과정에서 주목해야 할 사항이다. 무엇보다 실제 고객들은 제품을 처음 소비할 때 사실적 평가에 대한 정보가 부족하므로 첫 이미지로 소비 기회를 선택하기도 한다. 그만큼 마케팅 단계에서의 콘셉트는 그 중요성을 재차 강조해도 지나치지 않다. 그리고 SNS 채널을 이용한 마케팅을 한다면 콘텐츠와 함께 글쓰기에도 콘셉트를 표현해야 한다.

'무신불립無信不立

신의가 없으면 나라를 세울 수 없다.'

아웃도어 브랜드 '칸투칸'의 공식 블로그 게시글에 적힌 내용이다. 이 브랜드에서 운영하는 공식 블로그의 '칸투칸의 정신'이라는 카테고리에서는 이 브랜드의 철학을 엿볼 수 있다. 그리고 여기에는 시장에서의 공략법인 '칸투칸'의 콘셉트가 잘 녹아있다. 유명 고가 브랜드들의 경쟁이 치열한 아웃도어 시장에서 '칸투칸'은 보다 가격에 탄력적이며 합리적인 소비를 원하는 사람들을 타깃으로 삼았다. 그리고 그러한 소비자들에게 거품을 뺀 가격임에도 품질 면에서 전혀 뒤떨어지지 않음을 증명해 보이고 대충 만든 제품이 아닌 장인 정신이 깃든 상품임을 표현해내야 했다.

유튜브 채널 '칸투칸'의 동영상 중 일부

이에 '칸투칸'은 진정성과 신뢰성을 브랜드의 콘셉트로 잡아 SNS에 잘 표현하고 있다. '밑 빠진 독에서 흘러내린 물이 세상을 가득 채우고, 육지가 전부 바다가 되어 더는 물을 채울 필요가 없어질 때가 되어서야 우리의 노력은 끝이 난다.'는 정진하려는 브랜드의 정신이 고객의 마음을 감동시킨다. 또한 직원을 제품 모델로 쓰는 이유에 대해서도 '제품에 들이는 비용보다 제품을 돋보이게 만드는 비용이 더 커서는 안 되며 모든 작업을 내부적으로 해결하려 할 때 기술이 점점 노련해지고 투지는 나이를 먹지 않게 되어 장기적으로 기업 경쟁력을 강화시킬 수 있다'는 글에서 브랜드의 진정성 있는 의식이 돋보인다.

위에 언급한 이 게시글은 2013년도에 작성된 블로그 글로 시간이 조금 지난 것이나 현재도 이 브랜드에서는 동일한 콘셉트를 유지하고 있다. 이는 홈페이지를 통해서 더욱 잘 느낄 수 있다. 상품 상세페이지에는 해당 제품의 매출액과 함께 원가를 공개하여 투명성을 획득하고 있다. 고객은 이것을 보고 브랜드에 대한 신뢰를 바탕으로 제품의 품질에까지 믿음을 갖는 것이다.

마케팅 글쓰기에서의 콘셉트는 이처럼 목표 소비자에게 제품에 대한 성격을 명확히 전달하는 것이다. 이때의 콘셉트는 경쟁 브랜드와 차별화될 수 있는 자신만의 특별한 이야기를 담아야 마케팅에서 성공할 수 있다. 만약 칸투칸이 기존의 대기업 브랜드와 마찬가지로 기능성을 내세워 경쟁하려고 시도하였다면 지금까지의 성장을 이루기는 쉽지 않았을 것이다. 경쟁사와 비교하여 가격경쟁력이 있는 제품을 고급스럽게 소개하는 데에 브랜드의 정체성인 '진정성' 콘셉트를 전달하여 소비자들의 마음을 사로잡은 것이다. 즉, 콘셉트를 정함에 있어 기존 시장에서 언급되지 않은, 새로운 고객층을 유입시킬 수 있는 타깃을 먼저 설정하고 이들의 공감을 이끌어낼 수 있는 이야기를 하는 것이 효과적이다.

또 하나, SNS 마케팅 글쓰기의 콘셉트를 잡을 때는 하나의 메시지만을 전달해야 한다. 앞서 콘셉트의 정의를 살펴본 데에서도 이를 알 수 있다. '고객에게 전하려는 하나의 주된 생각, 메시지' 이것이 여러 개의 메시지로 정체성이 흔들리고 나면 고객은 아무것도 기억하지 못한다.

위에서 사례로 든 칸투칸이 만약 현재의 신뢰성을 콘셉트로 하는 것과 동시에 신상품의 콘셉트를 '신비주의'로 정한다면 기존의 브랜드 콘셉트와 상품의 마케팅 전략 간에 콘셉트의 충돌이 일어나고 만다. 소비자들은 이 브랜드가 추구하는 제품의 콘셉트를 혼동할 수밖에 없다. 더구나 기존 고객이 아니라 신규 고객이라면 신비주의 콘셉트는 소비자들을 유혹하기 더욱 어렵다.

예를 들어, 신비주의 마케팅을 위해 '써봐야 아는 아웃도어룩의 퀄리티'라는 슬로건을 내걸고 마케팅 글쓰기를 했다고 가정하자. 당연히 기존의 전략과 달리 제품의 원자재나 원가 등에 대한 정보를 비밀로 하고 소비자들의 관심을 자극하기로 했다. 기존 고객들은 브랜드에 대한 선호도를 따라 구입할 수 있지만 신규 고객이 이 제품을 사기는 망설여질 수밖에 없다.

국내·외 타 브랜드의 신비주의 마케팅 전략을 통해서도 실패 사례를 접했기 때문에 콘셉트의 충돌은 더욱 큰 문제점을 야기할 수 있다. 오히려 고객들이 기존의 브랜드에 대해 가졌던 이미지인 '신뢰성'마저 잃어버릴 수 있다. 하나의 콘셉트와 다른 콘셉트가 동시에 존재할 때 각 하나의 콘셉트는 고객의 기억에서 흐릿해지고 만다.

SNS에서 콘셉트를 잡아 하나의 채널을 운영하는 것은 마케팅 효과를 배가시키는 데에 큰 도움이 된다. 이미 많은 사람들이 좋아하는 SNS 채널은 그러한 콘셉트를 이미지나 동영상에 잘 녹여내고 있다. SNS에서의 글쓰기 또한 마찬가지로 콘셉트를 표현하는 좋은 방법으로 소비자들에게 기억되는 브랜딩을 위한 최고의 방법이 아닐까.

필자 또한 SNS를 운영하면서 '열정적인 강사'를 콘셉트로 글을 올리고 있다. 일요일에도 강의하면서 느끼는 에너지를 전달하거나 늦은 새벽에도 책을 쓰면서 피곤하다고 말하기보다는 나 스스로 업그레이드 되어 가는 모습에 뿌듯하고 배움이 쌓여 감을 기쁘다고 적는다. 많은 팔로워들은 이런 내 열정적인 모습에 응원을 보내주기도 하고 고객이 되기도 한다.

이렇게 콘셉트를 정하여 일관된 SNS 글쓰기를 할 수 있는 것은 나에게 가장 맞는 성향을 콘셉트로 정한 까닭이다. 패션모델이 입고 있는 아무리 예쁜 옷도 나에게 맞지 않으면 어울리지 않듯, 경쟁 브랜드의 콘셉트가 소비자들에게 잘 먹힌다고 해서 같은 옷을 입을 필요는 없다. 나에게 맞는 옷을 골라 SNS 글쓰기의 콘셉트로 정해보자. 나의 일상에서 콘셉트를 찾고 콘셉트가 곧 내가 될 때 꽉 조이는 불편한 옷이 아닌 SNS 마케팅 글쓰기를 부담감 없이 편하게 즐길 수 있음을 기억하자.

CHAPTER 07

저렴한 제품도 얼마든지
명품처럼 파는 전략

품질이란 우연히 만들어지는 것이 아니라,
언제나 지적 노력의 결과이다. -존 러스킨

예부터 '싼 게 비지떡'이란 말이 있다. 이 말을 전적으로 믿는 것은 아니지만 몇 번의 쇼핑에서 호된 경험을 치르고 나서는 이 말이 아주 틀린 말도 아니라고 생각될 때가 있다. 그래서인지 쇼핑을 하다 '오늘 단 하루만 특가'라고 써 붙인 포스터를 보아도 매대를 그냥 지나치고는 한다. 물론 가끔 '땡잡았다!' 할 정도로 운이 따라주는 날도 있지만 많은 물건들을 헤집어 가면서 매대에서 좋은 물건을 고르기란 하늘의 별따기라는 생각 때문이다.

반면에 몇 년 전, '메이드 인 차이나Made in China'의 가짜 명품을 진짜 명품인 듯 둔갑시켜서 고가에 판매하여 수억 원을 챙긴 사기꾼에 대한 기사를 본 적이 있다. 시중에 모조품이 많이 생산되고 있지만 그러한 것들에 비해서도 진품에 견줄만한 제품이 아니었다고 한다. 그런데도 비싼 가격에 판매하니 오히려 많은 소비자들이 진짜 명품이라고 생각하여 속이기 쉬웠던 것이다.

물론 앞서 한 이야기는 법적 처벌은 물론이고 도덕적으로 비난받아야 마땅한 사례다. 다만 우리는 이 사례에서 제품을 어떻게 마케팅해서 판매할 것인지 소비자의 심리를 고려해야함을 알 수 있다. 매대에서 아무렇게나 흐트려 놓고 판매하는 물건은 그 정도의 가치만 가질 것으로 짐작된다. 하지만 판매하는 사람이 귀하게 다루면서 판매하는 물건은 실제보다도 더 귀한 가치를 지녔다고 생각이 든다.

회사를 다닐 적, 출·퇴근길에는 1평 남짓한 조그만 공간에 테이크아웃 전문 카페가 있었다. 사실 '카페'라는 단어가 어울리지 않을 정도로 컨테이너박스로 만든 허름한 공간이었다. 아메리카노 1500원, 다른 카페에서는 5000원을 넘길 기타 다른 커피도 3000원, 생과일 주스와 수제청으로 만든 차 종류도 3000원 정도로 저렴했다. 지리적으로 대학교 인근인지라 경제력이 없는 대학생들 주머니 사정을 고려한 가격이기도 했다.

하지만 그곳에서는 음료를 저렴하게 판매한다고 서비스까지 저렴한 것은 아니었다. 이 테이크아웃 전문 카페에는 주변에 대형 카페프랜차이즈가 두세 곳 있음에도 불구하고 점심시간이면 항상 줄이 길게 늘어섰다. 이렇게 인기가 많은 데에는 물론 저렴하다는 이유도 있었지만 그보다 특별한 이유가 있다. 나도 몇 번 직장인의 '소확행(소소하지만 확실한 행복)'인 짧은 점심시간에 이 가게의 커피를 마신다고 식사를 급히 마친 채 줄을 서서 기다린 적이 있다. 하지만 긴 줄을 서서도 전혀 지루

할 틈이 없다. 기다리면서 가게에서 제공하는 음료의 각 재료에 대한 소개, 효능, 만든 과정 등을 포스트잇에 빼곡히 적어 고객들이 볼 수 있도록 해놓았기 때문이다.

손글씨로 조그맣게 써서 포스트잇을 메운 정성에 한 번 놀라고 수제청 하나하나도 만들어진 과정을 폴라로이드 사진으로 남겨 보다 안심하고 먹을 수 있는 기분이 든다. 적어도 이렇게 열정적으로 운영한다면 고객을 속여서 판매하는 일은 없을 것이라는 확신마저 생긴다. 실제 대부분의 회사 동료들도 이곳의 커피와 음료 맛에 대한 평가도 좋게 했지만 무엇보다 주인의 열정에 진실하게 판매하는 것 같아서 사고 싶은 마음이 생긴다고 했다.

만약 저렴한 가격에 판매되는 여타 커피와 같았다면 이렇게 많은 단골손님을 확보하지는 못했을 것이다. 그저 저렴한 원두를 써서 싸게 판매하는 커피라고 생각하고 지나쳤을지도 모른다. 하지만 이 카페의 커피는 유명 프랜차이즈의 커피에서는 느낄 수 없는 주인의 정성이 고스란히 담긴 한 잔을 대접함으로써 고객들의 가심비를 제대로 저격했다고 할 수 있다.

오프라인 매장에서 온기가 느껴지는 손글씨로 고객의 마음을 사로잡았다면 SNS에서도 글쓰기를 통해 제품의 가치를 스스로 높여야 한다. 다이소는 일상생활에 필요한 모든 물건을 천 원대의 가격으로 판매한다. 무엇이든 쉽게 구할 수 있다는 장점과 저렴한 가격을 내세워 판매하는 다이소에서는 SNS에서 어떻게 제품을 홍보하는지 공식 인스타그램에서 가져온 예시글을 살펴보자.

궁극의 소비를 위한 나만의 만족을 찾는
'겟.꿀.러'를 위한!
다이소 9월 희귀템
-

지금 바로 확인하세요~
-

국민가게, 다이소~♡
(이하 생략)

달걀프라이를 예쁘게 요리할 수 있는 4구 프라이팬과 유아들이 좋아하는 차 모양의 스텐식판을 광고하는 글에 적힌 내용이다. 사실 소개된 제품들은 타 사에서도 많이 출시되는 제품으로 군이 따지자면 가격적인 측면에서의 경쟁력을 갖추고 있다. 하지만 이것을 가격적인 면만 부각시켜 홍보했다면 어떤 사람은 '품질이 떨어지니깐 가격도 저렴한 거겠지…'하고 생각할 것이다.

다이소에서는 위와 같이 '겟.꿀.러(Get: 얻다, 꿀: 만족, ~er: 사람)'란 단어를 사용하여 '합리적이고 가치 있는 소비를 원하는 고객이라면 지금 바로 구매하세요!'라고 말하는 듯하다. 제품을 구매했을 때의 만족감을 제시함으로써 제품에 가치를 더한 것이다.

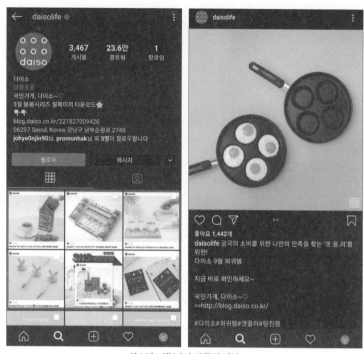

인스타그램 '다이소' 공식 계정

또한 다이소에서는 매 월마다 '희귀템(거의 볼 수 없는 아이템)'을 선정하여 소개한다. 사실 희귀템이라고 소개되는 것들이 정말 세상에 단 하나뿐인 제품들은 아니다. 하지만 같은 종류의 일반적인 제품들과 비교해서 특별한 모양을 지니고 있다든지 화려한 색감을 자랑한다든지 그것만의 특색을 살려 갖고 싶어지는 아이템으로 소개하는 것이다.

또 하나, 위의 글에서도 알 수 있지만 다이소의 모든 게시물에는 마지막 줄에 '국민가게 다이소'란 문구가 들어가 있다. 특정 단어 앞에 '국민'이라는 단어를 붙여 '국민 여동생 아이유', '국민 첫사랑 수지', '국민 간식 떡볶이' 등 많은 사람이 좋아한다는 뜻으로 통하고 있다. 이와 같이 다이소에서도 스스로 '국민가게'라고 일컬음으로써 모든 고객들이 좋아할만한 가게라는 인식을 주고 고객들에게 더욱 친숙하게 다가갈 수 있는 이미지를 형성하고 있다.

이처럼 다이소하면 떠오르는 보편적 이미지인 '천원숍'의 모습을 보여주지 않고 여기에 특별한 가치를 더한 까닭은 상품선택의 본질이 가치에 달려있기 때문이다. 가성비와 가심비를 모두 만족하는 구매를 하려는 사람들이 늘고 있는 가운데 결국 소비자들은 가격 대비 '성능' 또는 나만의 만족도 기준에 따라 그 효용가치를 결정한다. 저렴한 상품에도 '다이소'만의 가치를 만들어낸 것이 소비자의 구매 욕구를 자극한 것이다.

즉, 가격에 민감한 소비자도 결국 자신에게 가치가 있는 물건이라야 산다. 아무리 값이 싸더라도 누군가에게는 큰 금액일 수 있고 누구라도 자신의 돈은 소중하기 때문이다. 가끔 지나가다가 '공짜로 줘도 안 갖겠다.' 생각이 들게 하는 물건을 보면 판매하시는 분에 대한 안타까움이 생긴다. 이는 SNS상에서도 마찬가지다. 구매저항선이 낮은 가격의 물건을 그것만 강조하여 판매할 필요는 없다. 소비자는 자신이 지불한 가격 이상의 가치를 원하고 판매자 스스로 그 가치를 더하지 않으면 저절로 그 가치를 알아주는 고객은 많지 않다. 내가 더하는 가치만큼 고객도 알아준다.

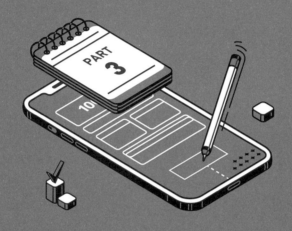

PART **3**

고객이 스스로 지갑을 여는
세일즈카피 쓰는 법

CHAPTER 01

클릭을 부르는
제목 짓기의 마법

당신이 하는 거의 모든 일이 사소하다.
하지만 당신이 그것을 한다는 것은 매우 중요하다. -마하트마 간디

당신은 오늘도 어김없이 휴대폰에서 무언가를 검색했을 것이다. 홍대 맛집이든 저녁 반찬 레시피든 혹은 마케팅을 배우기 위해 '소셜마케팅 스쿨'을 검색했든 말이다. 어떤 키워드여도 좋다. 검색되는 수많은 내용 중에서 당신이 클릭한 기사 혹은 포스팅의 제목은 무엇이었는가?

분명 당신의 눈길을 사로잡는 제목이 있었을 것이다. 물론 온라인 마케팅에서 상위노출이 중요하긴 하지만 당신이 끌렸던 클릭이 그것이 전부가 아님을 말해준다. 상위노출의 문제는 포털사이트 혹은 SNS 채널의 로직을 따르는 것이지만 잠재고객의 클릭은 제목에 따라 그 우선순위가 바뀔 수 있다. 그렇다면 클릭을 부르는 제목의 비결은 무엇일까?

먼저, 숫자와 법칙을 활용하라. SNS가 다른 매체와 가장 크게 구분되는 특징은 일상에 관여하고 있다는 사실이다. 그 일상을 들여다보는 일은 어떤 심오한 마음의 준비를 해야 한다거나 집중을 요하는 것이 아

니다. 빨리 자신이 필요로 하는 정보만을 정확히 파악해 내길 원한다. 이러한 특성상 고객은 어떤 새로운 내용을 접할 때 일목요연하게 정리된 것을 선호한다.

지난 여름, 가족여행으로 떠날 휴가지를 정하기 위해 포털사이트에서 '국내 여름 휴가지 추천'을 검색했다. 다양한 게시물 중에는 벌써 '제목만 봐도 저건 광고네.' 생각이 드는 글도 보인다. 그러한 것들은 내 마음 속에서 스킵하고 마우스를 움직이게 한 제목은 '국내 여름 휴가지 추천 6곳' 그리고 '국내 여름 휴가지 추천 7'이라고 쓰여진 포스팅이다. 일단 제목만으로 6군데 혹은 7군데의 다양한 정보를 한 눈에 얻을 수 있다는 확신이 생긴다. 이렇게 많은 정보를 일목요연하게 정리해 놓은 포스팅은 선택에 있어서 장·단점 구분을 쉽게 도울 것이라고 기대하게 한다. 그리고 무엇보다 여러 곳을 소개하는 글로서 특정 장소를 광고하는 글이 아님을 예측할 수 있다. 만약 검색어를 휴가지가 아닌 '가족여행 펜션'으로 했다면 그러한 예측은 클릭을 결정하는 요소로 더 많이 작용한다.

다음으로 당신이 오늘 클릭한 기사의 제목들을 메모해보라. 여기에서 반복되는 단어들을 끄집어내는 것은 그리 어려운 일이 아니다. '○○하는 비결', '충격 발언', '리얼 후기', '○○하는 비밀' 등 항상 끌리는 제목에는 중복되는 단어가 있다. 때로는 스팸이 확실한 기사나 포스팅임에도 사람들은 호기심을 버리지 못하고 클릭한다.

나도 이러한 기사를 클릭한 적이 있다. 〈인기 연예인 ○○의 XX사건

이후 충격적인 일상〉이라는 제목이었다. 평소 연예 뉴스를 즐겨 보지 않음에도 자극적인 기사가 눈에 들어와 나도 모르게 클릭했다. 그리고 몇 분 후 그 기사를 읽고 허무감마저 들었다. 소위 말하는 표현으로 '제대로 낚였다.' 별로 충격적이지도 않았을뿐더러 심지어 그 기사의 내용은 이미 다른 뉴스를 통해 들었던 것이었다. '뒤로 가면 무언가 다른 내용이 있겠지…'하고 끝까지 읽은 내 시간이 아까울 정도였다. 아마도 그 기사를 쓴 기자 역시, 국민 절반가량이 알고 있을 그 사실을 최근에 접한 것은 아닐 테다. 단지 호기심을 자극하는 제목으로 클릭을 유도할 심산이었을 것이다. 물론 이러한 자극적인 단어를 써서 고객을 '낚으라는' 말은 아니다. 다만 온라인 마케팅을 하는 사람이라면 클릭을 유도하는 배너나 기사의 제목에 주목할 필요는 있어 보인다. 일단 클릭을 유도하고 나면 본문의 내용에 따라 선호도에 영향을 주겠지만 고객을 유혹하는 데에 반절은 성공했다고 볼 수 있기 때문이다.

또한 SNS에서 게시물의 제목은 하나의 게시물을 클릭하는 결정적 요소가 되기도 하지만 장기적으로 운영 시 내 계정을 활성화하는 기초공사 역할을 한다. 내가 운영하는 SNS를 많은 사람들이 찾아와주고 구독하거나 이웃을 맺거나 팔로우할수록 그만큼 계정이 활성화되어 마케팅을 할 때에도 유리하기 때문이다. 이렇게 나의 잠재고객들을 많이 확보하여 계정을 활성화하고 싶다면 제목을 작성할 때도 타깃을 명확히 드러내야 한다. 마케팅 원론적인 내용에서도 STP 전략을 다루지만 SNS 마케팅 글쓰기에서 제목을 정할 때는 특히 세분화한 타깃을 선정하는 과정이 필요하다.

　예를 들어, 모처럼의 저녁 외식에 무엇을 먹을까 고민하다가 평소 좋아하는 연포탕이 떠올랐다. 바로 휴대폰을 들고 포털사이트에서 연포탕 맛집을 찾아나선다. '연포탕 맛집'이라고 키워드를 검색하니 서울, 경기부터 시작해서 충청도, 전라도까지 첫 페이지만 보더라도 전국 곳곳의 음식점이 소개되고 있었다. 서울에 거주하고 있는 내가 저녁 한 끼 먹기 위해 전라도까지 갈 수 없음에도 불구하고. 이 경우, 우리는 제목에 '서울 연포탕 맛집'이라고 적혀있거나 서울의 지명이 언급된 제목만을 클릭해서 볼 것이다. 설사 적힌 지명이 어느 곳에 위치하는지 몰라서 확인하기 위해 클릭한다고 하더라도 본문 내용에 있는 위치를 먼저 확인한 후 체류시간을 길게 하지는 않을 것이다. 더욱 확실한 타깃을 이끌고 잡아두고 싶다면 제목에서부터 나의 타깃을 세분화하여 정하고 구체적으로 적는 것이 좋다. '연포탕 맛집'보다는 '서울 연포탕 맛집'이, '서울 연포탕 맛집'보다는 'ㅇㅇ동 연포탕 맛집'이 보다 구매전환이 확실한 타깃을 잡을 수 있다는 것을 기억하자.

　뿐만 아니라 이제 막 블로그를 시작했다면, 이렇게 키워드를 세분화하여 전략적으로 접근하는 것이 블로그 유입을 늘리는 데에도 도움이 된다. 다양한 요소에 따라 점수가 부여되고 게시물의 순위가 정해지는 블로그의 경우 '연포탕 맛집' 키워드로 검색했을 때 5페이지에 뜨던 내 게시물이 'ㅇㅇ동 연포탕 맛집' 키워드로 검색했을 때 첫 페이지 상단에 뜰 수 있다는 것이다. 이런 식으로 세분화한 키워드로 제목을 작성하면 유입 증가를 기대할 수 있고 상위노출 되는 게시물을 많이 쌓아두면 최적화 블로그를 달성할 수 있다.

마지막으로 제목에 특수기호를 쓰는 것 또한 고객의 눈에 띄는 하나의 방법이 된다. 온라인 마케팅 경쟁이 심한 키워드 몇 개만 검색해 보아도 이 실효성은 알 수 있다. 이러한 키워드를 사용한 게시글 중 몇 가지 제목에는 공통점이 있다. 아마도 마케팅 글쓰기에 대해 고심한 적이 있고 관심을 갖고 있는 사람이라면 이를 따라서 눈치로라도 제목에 특수기호를 사용할 것이다.

국내 포털사이트에서는 검색어를 굵은 글씨로 표현하는 것 외에 다른 글자들은 어떤 게시글이건 동일한 크기와 색상, 굵기로 보여준다. 이 말은 즉 나의 제목을 돋보이게 하는 특별한 시각적 장치가 없다는 이야기다. 이에 특수문자를 쓰게 되면 작지만 진한 색의 기호가 눈에 띄게 마련이다.

특히, 얇은 테두리로 그려진 특수기호☆보다는 검색을 유도하는 키워드 옆 또는 제목의 끝에 색칠해져 있는 특수기호★를 쓰는 것이 돋보인다. 모바일로 검색한 경우에는 휴대폰 기종에 따라 차이를 보이지만 ♡에는 빨간색 컬러를 입어 더욱 눈에 띄기도 한다. 마케팅 경쟁이 심해 상위노출 된 제목 중 특수기호가 적혀있는 포스팅이 많은 키워드가 아니라면 그 효과는 더 커질 것이다.

온라인 마케팅에서 클릭을 부르는 제목은 고객을 얻는 첫 관문이다. 본문 속의 콘텐츠가 브랜드를 소개하는 것이라면 온라인 마케팅에서

온라인 마케팅 경쟁이 치열한 키워드를 검색한 결과 특수기호 사용이 두드러짐

글의 제목은 자기소개를 할 기회를 얻는 것과 같다. 온라인에서는 누구나 자기소개의 기회를 얻을 수 없다. 다시 말해 고객의 호기심을 유발하고 읽고 싶게 만드는 제목만이 고객의 선택을 받을 수 있다. 1분가량의 자기소개를 성공적으로 마쳐서 매출을 높일 수 있느냐는 클릭을 부르는 제목만으로도 반은 성공이다.

CHAPTER 02

SNS를 하는 당신은
이미 작가다

먼저 '할 수 있다. 잘 될 것이다'라고 결심하라. 그러고 나서 방법을 찾아라.
-에이브러햄 링컨

"도대체 홍보 글은 어떻게 써야 할지 모르겠어요."

마케팅 글쓰기를 하기에 앞서 이런 고민을 안고 시름한 적이 있을 것이다. 초등학생 글짓기 대회에서조차 상을 받아본 적이 없는데 왜 나에게 이런 시련이 닥친 건가 한숨만 내짓고 있었을지 모르겠다. 그렇다고 포기하고 말 것인가. 내 사업이 글 하나로 대박의 기회를 얻을 수 있다는데?!

마케팅은 사람들이 대부분 어려워하는 분야다. 일반학술적인 분야로도 그렇지만 1인 기업이나 자영업자라면 마케팅에 대한 고심을 끊임없이 해왔을 것이기에 더 그러할 것이다. 그런데 마케팅 글쓰기라니?! 마케팅보다 더 어렵게 생각한다 해도 이상할 것이 없겠다. 하지만 생각해보라. 우리는 적어도 누군가로부터 '좋아요♡'를 받고 내 글을 읽어주는 독자가 있는 SNS 유저 아닌가. SNS를 아직 한 번도 해보지 않았다 하더라도 자신감을 잃을 필요는 없다. SNS를 시작하면 당신도 작가가 된다.

현대인들의 필수품인 휴대폰, 이 휴대폰이 가장 많이 쓰이는 용도는 무엇일까. 메신저 기능 다음으로 많이 차지하는 것이 카메라 기능이지 않을까 싶다. 특별한 곳이나 경치가 좋은 곳에 가면 기념으로 찍었던 사진을 이제는 음식점에 가서도 나온 음식이 식는 것쯤은 대수롭지 않은 듯 인증샷을 남기기에 바쁘고 하다못해 그냥 지하철을 탔을 때도 자신의 일상을 기록하기 위해 셀카를 찍는다.

나 역시 지금도 하루에 무엇을 하든 2-3장은 기본으로 찍지만 가장 많이 사진을 찍었던 시기는 뭐니 뭐니 해도 연애 시절이었지 싶다. 데이트할 때면 특별한 곳을 가는 것도 아니었지만 지금의 신랑과 둘이서 같이 먹었던 음식, 함께 본 뮤지컬 티켓 그리고 그저 꽉 잡은 두 손만 찍은 사진까지… 그렇게 매일을 기록으로 남겨 내 카카오스토리에 올렸다. 지금에 와서 봐도 고백을 받았던 첫날부터 결혼에 이르기까지 1년여의 시간이 고스란히 담겨있는 우리만의 추억의 공간이다.

누구한테 들어도 언제나 재밌는 게 러브스토리지만 나의 연애일기를 적어놓은 카카오스토리도 많은 사람들이 재밌게 봐주고 댓글을 달아주곤 했다. 그 중 회사 입사 동기였던 동생이 어느 날 카카오톡 메시지를 보내왔다.

"언니, 잘 지내고 있죠? 요즘 언니 카카오스토리 보는 게 너무 재밌어요. 제가 연애하는 것도 아닌데 마음이 핑크 핑크해져요. 제가 그거 보면서 꼭 얘기해주고 싶었는데 언니 블로그도 한 번 해봐요. 블로그 포스팅도 꾸준히 하면 사람들이 좋아해서 잘할 것 같은데….”

오랜만에 연락 온 친한 동생의 얘기에 당시 나는 직장인이었기에 블로그 관리를 할 시간이 없다는 핑계로 실천에 옮기지 못 했었다. 하지만 블로그를 운영해 본 지금에 와서 생각해보니 그렇게 어렵게 생각할 일이 아니었다. 기록으로 남기고 싶은 나의 일상을 가벼운 마음으로 적으면 되는 것이다. 물론 나의 글을 읽어주는 사람이 많고 블로그의 방문자 수가 많을 때 글을 쓰는 재미도 큰 법이지만, 일단 처음 시작할 때는 수치화된 내 블로그의 점수는 신경 쓰지 않고 즐거운 마음으로 임해보길 바란다.

마케팅을 위해서 블로그나 다른 SNS를 시작하려는 이 책의 독자들에게도 마찬가지다. 키워드는 몇 번을 적어야 하는지, 사진은 몇 장 정도를 올려야 하는지, 동영상은 올리는 것이 좋은지, 하루에 포스팅은 몇 개나 올려야 하는지 등등의 최적화 블로그를 만들기 위해서 우리가 수도 없이 고민하고 답을 찾아온 것들에 대해 지나치게 의식하지 말자. 처음부터 홍보하겠다는 의욕이 앞서 욕심을 부리면 광고성 계정으로 인식될 뿐이다. 그렇게 되면 잠재고객들이 찾아와주지 않을 뿐만 아니라 나 자신부터도 미미한 효과에 얼마 못 버티고 SNS 마케팅을 포기하고 만다.

나는 재택부업을 하면서 '마케팅'에 정말 미쳐있었다. 돈만 날렸다는 초보자들보다 단기간에 돈을 많이 번 고수익자들의 편중된 정보가 범

람하는 재택부업에서 나도 혹 하는 마음에 시작했는지도 모르겠다. 그 결과, 초반 수익이 0에 가까운 것이었지만 방법만 터득하면 나도 가능할 것이라는 생각에 포기가 안 되었다. '미치다'라는 표현이 맞을 정도로 마케팅에 대해 더 많이 연구하고 배우기 위해 노력했다. 한 번은 자다가 꿈의 아무런 내용도 생각나지 않지만 눈을 떴을 때 '마, 케, 팅' 이 세 글자를 확실히 봤던 기억만 남았다. 일상에서는 물론이고 꿈속에서도 마케팅에 대한 생각뿐이었다.

다행스럽게도 포기하지 않은 덕분에 마침내 온라인 마케팅 방법을 터득했다. 한번 수익이 생기기 시작하니 그 다음은 어렵지 않았다. 수익이 나지 않았을 때는 가족들에게 말도 못하고 새벽 공부를 몰래 했지만 단기간에 1천만 원의 수익을 낸 후로는 가족들로부터 응원을 받을 수 있었다.

그리고 마침 친언니가 육아문제로 갑작스럽게 퇴사를 결정하고 집에서 할 수 있는 일거리를 찾던 터라 내가 하는 일을 권했다. 처음에는 동생이 집에서 육아하며 돈을 벌고 있다는 사실에 부러운 듯 관심을 보였다. 하지만 그 날 집에 가서 내가 작성한 홍보 글을 검색해 보고는 메시지가 왔다.

"선일아, 너 진짜 대단하다. 이미지 제작한 것도 그렇지만 난 너처럼 글 잘 못 써."

물론 예전부터 나와는 달리 안정적인 경제 수익을 추구했던 언니의 성향도 선택에 영향을 미쳤을 것이다. 하지만 그보다 글쓰기에 대한 자신감 부족으로 선뜻 시작하지 못하겠다고 했다.

30년을 넘게 지켜본 동생으로서 언니는 사실 글쓰기에 재능이 없지 않다. 이미 SNS에서도 짧게나마 일상을 올리고 지인들과 소통을 나누고 있다. 지금 이 책을 읽고 있는 많은 독자들도 아마 오늘 글쓰기를 했을 것이다. 자신의 SNS에 사진과 함께 적어도 두세 줄의 글로 오늘의 한 일과 그에 대한 느낌 혹은 생각을 적었을 테니 말이다. 글쓰기 자체에 자신감이 없는 사람일지라도 자신도 모르는 사이 작가가 되어 있는 셈이다.

편한 느낌으로 적은 글과 마케팅 글쓰기는 전혀 다르지 않느냐고? 나의 대답은 노No다! 오히려 마케팅 글쓰기라고 해서 전문성을 위해 짐짓 어렵게 접근하거나 딱딱한 어휘들을 사용하면 읽기 불편한 글이 될 수 있다. 글에도 생명이 있는 것이라서 억지로 짜내어 쓴 글은 독자에게 감흥을 주지 못한다. 그것이 마케팅을 위한 글이라면 고객들에게는 더욱 그러하다.

마케팅 글쓰기를 할 때 키보드에서 손이 멈췄다면 글머리에 '사랑하는 가족에게'라고 적어보자. 보다 편한 마음으로 내가 하고자 하는 말을 고객에게 얘기할 수 있다. 사랑하는 가족에게는 누구라도 좋은 것을 추천하고 싶은 마음 아닌가. 그 마음을 담아 쓴 글은 고객이 읽기에도 친숙하고 진정성 있는 글로 느껴진다. 마케팅 글쓰기가 유혹하는 글이라면 이것으로 고객의 마음은 열려있고 유혹당할 준비가 된 상태다.

SNS는 다른 무엇보다 글쓰기를 통해 마케팅을 할 수 있는 최고의 공간이다. 소셜 네트워크 서비스Social Network Service라는 이름에 맞게 상호 간의 소통을 중시하는 까닭에 더 그러하다. 이러한 특성을 무시하지 않고 따른다면 마케팅 채널로서의 활용도는 더욱 높아지기 마련이다.

일상적인 글을 올리는 것도 마케팅 글쓰기와 연장선에 있음을 항상 기억하자. 오히려 고객은 당신의 일상에 더 관심 있고 그로부터 매력을 느낀다. 그리고 여기에서 마케팅이 시작되는 기회가 찾아온다. 마케팅 글쓰기가 어렵게 느껴진다면 먼저 SNS에 꾸준히 일상을 기록하는 것이 우선이다.

CHAPTER 03

홈쇼핑으로 배우는
세일즈카피 세련되게 쓰는 법

만족은 결과가 아니라 과정에서 온다. -제임스 딘

"ㅇㅇㅇ, 많이 기다리셨죠? 오늘 잘 오셨습니다, 여러분."

두근두근. 홈쇼핑 방송 시작을 알리는 멘트에 생방송 진행자만큼이나 설레고 떨릴 때가 있다. 판매를 기다려 온 상품은 물론이고 종종 쇼호스트의 말 한 마디 한 마디에 지갑을 열어야만 할 것 같다. 점점 **빠져**들게 하는 쇼호스트의 멘트에 가끔은 뻔한 전개로 흐르는 드라마보다 홈쇼핑을 더 재미있게 시청하기도 한다.

주부이기도 한 내가 홈쇼핑에 처음으로 눈을 뜨게 된 건 아이의 도서전집을 판매하는 방송이었다. '전회 매진 기록' 문구에 일단 상품의 품질에 대한 믿음이 생겼고 '아이의 독서 습관 기르기에 딱!'이라며 세이펜을 재밌게 활용하는 쇼호스트의 말에 유아 도서 전집에 관심을 두게 됐다. 이것만 사주면 책에 흥미를 붙인 우리 아이가 똑똑해 질 것 같았다.

홈쇼핑의 자막 문구와 쇼호스트의 멘트는 가끔 과장 광고로 지적되어 사람들에게 거부감을 주기도 하지만 방송을 보다 보면 나도 모르게 빠져들 때도 있다. 더구나 요즘의 똑똑한 소비자들은 어떤 말이 과장되었고 허위인지 쉽게 알아차리기 때문에 세일즈 멘트 또한 예전과 달리 품격이 더해졌다. 시대에 따라 유행하고 잘 나가는 상품이 있듯, 홈쇼핑에서 통하는 멘트의 트렌드도 달라진 것이다.

채널A의 프로그램 〈풍문으로 들었쇼〉에서는 홈쇼핑으로 성공한 스타들의 성공기를 다뤘었다. 그들이 성공한 비결의 공통점은 무엇이었을까. 라디오 프로그램 진행자로서 쌓아놓은 친근한 이미지와 말투 그리고 실제 제품을 사용해 본 경험을 말해주는 그들의 이야기에 있었다. 간단히 말하자면, "이 물건, 지금 안사시면 후회합니다."와 같은 세일즈 멘트가 아니라 직접 경험해보고 말하는 신빙성 있는 이야기가 고객의 마음에 와 닿았다는 것이다. 메인은 진정성 있는 스토리이고 세일즈멘트는 사이드디쉬 같은 역할을 할 뿐이다.

홈쇼핑 스타 중에서 빼놓을 수 없는 개그맨 문천식 씨는 실제 판매를 위해 직접 일일 아르바이트까지 자처했다고 한다. 일하면서 소비자에게 다가가는 방법을 깨우쳤던 그는 친근한 콘셉트와 함께 소비자 입장에서의 생생한 사용 후기를 들려주는 것이 자신의 비결이라고 말한다. 광고주는 데는 연예인을 그의 기존 이미지와 상품을 연결하여 보여주기 식의 모델로서만 기용하는 것이 아니라 '직접 사용해보니 이런 점이 좋았어요.'라고 말할 수 있는 소비자의 대표 역할까지 하기를 기대한다.

SNS에서 만나게 되는 소비자들의 마음도 똑같다. 누구든 구매를 종

용받기보다는 제품을 실제 사용한 후기를 듣고 싶어 한다. 그리고 그것이 더 효과적이다. 물론 제품을 판매하는 사람이 말하는 제품의 장점, 사용 후기는 소비자들에게 신뢰감을 주기 어렵다. 홈쇼핑의 쇼호스트는 말로 전하기 때문에 말하는 억양, 어투, 제스처 등에서 전해지는 느낌이 신뢰감을 주기도 하지만 그것이 글을 통해서라면 더 어려울 수 있다.

글에서 내가 판매하는 제품의 실제 사용 후기를 잘 전달하기 위해서는 단점도 드러내기를 두려워하지 말아야 한다. 제품을 만드는 과정에서 샘플 테스트를 통해 단점을 발견하고 그것을 보완하여 업그레이드 했다면 그것은 더는 단점이 아니다. 또한 자신의 제품을 사용해보니 이러이러한 단점이 있어 주의를 요한다거나, 별도의 해결책을 제시하는 것은 고객에게 새로운 정보가 된다. 이를 바탕으로 제품의 장점도 믿을만한 정보라고 인식시킬 수 있다.

또 하나, SNS에서는 실제 고객의 사용 후기를 활용하여 나의 마케팅 자료로 쓸 수 있다. 홈쇼핑에서도 고객의 리뷰나 문자메시지 이벤트를 실시해 화면으로 보여주는 것을 봤을 것이다. '이 제품 사용한 이후부터는 이 제품만 써요.', '제가 진짜 기다려온 방송이에요. 지난번 구입하고 무척 좋아서 쟁여놓고 쓸 거예요.' 이러한 기존 고객의 메시지를 읽었을 때 예비 고객은 이 상품을 긍정적으로 받아들인다.

SNS에서 마케팅을 할 때도 직접 후기를 보여주는 것은 효과적이다. 판매자가 직접 제품과 서비스에 대해 좋다고 말하더라도 실제 경험한 소비자의 한 마디가 미치는 영향력이 훨씬 더 크기 때문이다. 이러한 이유로 인스타그램이나 페이스북의 짧은 댓글조차도 마케터들에게는 소중한 재산이 된다. 마케터의 말에 신빙성을 부여하는 가장 객관적인 평가 자료이기 때문이다.

　나 또한 강사로서 수강생들의 강의 후기는 강의의 질을 개선하는 데에 자양분이 되는 동시에 다음 수강생들을 만날 기회를 제공해주는 선물이다. 후기를 보고 찾아와주시는 고객이 있기에 항상 짧은 댓글이나 카카오톡 메시지로 받은 수강 후기도 저장해두는 습관이 생겼다. 이렇게 모아둔 수강 후기는 차후에 강의를 기획·모집할 때 인용하여 쓰거나 캡처하기 혹은 해당 리뷰의 URL을 링크로 연결하여 더 많은 사람들

인스타그램의 하이라이트 기능을 활용한 강의후기 모음

이 볼 수 있도록 한다.

SNS 마케팅 글쓰기는 고객을 마주하는 가장 첫 단계이다. 고객을 마주할 때의 기본은 바로 서비스 마인드다. 얼굴을 마주하는 서비스 업종 뿐만 아니라 세일즈를 위한 글이라면 기본적으로 고객서비스의 마인드가 나타나야 좋은 인상을 줄 수 있다. SNS에 올린 글을 보고 고객은 상품을 구입하고자 문의 전화를 할 수도 있고 바로 구입할 수도 있다. SNS 마케팅 글쓰기 또한 고객서비스인 까닭에 고객의 입장에서 항상 생각해보고 써야 한다.

홈쇼핑에서 자주 듣는 멘트 중에 '얼마나 불편하셨어요?'가 있다. 고객이 일상생활에서 겪을 불편함이나 고충을 예상하고 이를 개선한 상품을 내놓으며 종종 하는 말이다. 며칠 전, 스테인리스 밀폐용기를 판매하는 홈쇼핑 프로그램에서도 이 말을 반복적으로 들었다.

"뜨거운 국물이나 이유식을 용기에 바로 담았다가 찌그러져서 망가뜨린 경험 있으시죠?"

"밀폐뚜껑에서 김칫국물이 새거나 오래 쓰다가 뚜껑 날개가 부러지고 나면 아까우셨죠?"

변형방지 테스트와 밀폐성 10만 회 테스트했다는 신제품을 자사의 기존 제품과 비교하여 조명했다.

이렇듯 고객의 입장에서 먼저 생각한 말과 글은 고객의 마음을 열게 한다. 이런 쇼호스트의 세일즈 멘트가 SNS에서도 통한다는 사실은 인플루언서의 영향력이 커지고 있다는 것이 증명한다. 화장품 판매글만 게시한 계정보다 실제로 일상의 경험과 함께 '이럴 때 이거 쓰니까 좋더라.' 이야기하며 추천해주는 인플루언서의 계정이 팔로워 수가 더 많은 이유다.

"눈 화장하면서 아이라인 그리다가 삐져나가 난감하셨던 적 있죠? 불편하게 화장한 것 전부 지우지 말고 수정면봉 써보시면 진짜 편해요."

같은 소비자로서의 경험을 토대로 하는 이야기라 더욱 공감하며 제품 구입의 필요성을 느끼게 된다. SNS 마케팅 글쓰기를 할때도 팔고 싶은 욕심을 드러내기보다 고객의 입장에서 먼저 생각하고 이야기하자.

어떻게 보면 마케터는 고객과의 관계에서 내가 '갑'이라는 마음으로 마케팅 글쓰기를 해야한다. 고객과의 거래에서 우위 관계를 따지는 것이 아니라 언제나 더 많은 정보를 가진 사람이 '갑'이 될 수밖에 없다. 고객이 듣고 싶어 하는 정보, 필요한 정보, 생활 패턴 등 고객의 입장에서 생각해보고 얻은 정보가 마케터를 '갑'으로 만들 수 있다. 홈쇼핑에서 대박난 스타들은 물론이고 쇼호스트들 또한 한 상품을 판매하기 위해 많은 공부를 하고 방송에 임한다. 그 내용을 토대로 했을 때, 그들의 멘트가 더욱 풍부해지기 때문이다. 마케터라면 이제 홈쇼핑 프로그램을 볼 때 쇼핑은 잠시 접어두고 쇼호스트들이 어떻게 고객에게 물건을 파는 사람이 아닌 '물건을 구입할 수 있게 해주는' 진정한 갑이 될 수 있었는지 그의 말에 귀 기울이고 메모해보라.

반드시 기억해야할 한 가지 질문, "내가 고객이라면?"

진정한 창조자는 가장 평범하고 비루한 것들에서도 주목할 만한
가치를 찾아낸다. -데이비드 오길비

마케팅 글쓰기의 목적은 무엇일까? 당연히 고객이 상품에 대한 긍정적 기대를 촉진해 상품구매라는 일련의 행동을 일으키는 데에 있다. 즉, 문학서적인 시, 소설, 수필 등이 저자의 철학 또는 감정을 고스란히 담아 그 감정을 독자와 함께 공유하고자 정서적 기술이 주를 이루는 글이라면, 마케팅 글쓰기는 독자의 행동을 촉구하는 기능적 기술이 필요하다. 작가의 측면에서 본다면 문학은 온전히 나의 감정과 생각에 집중하여 글을 써 내려가면 되지만, 마케팅 글쓰기는 내가 아닌 고객의 생각과 감정을 읽어내려 가면서 써야 효과적이다.

역지사지의 태도가 여기서도 필요한 이유다. 성공하는 세일즈 기술로 항상 빠지지 않고 소개되는 것이 바로 고객의 심리를 꿰뚫어보는 것인데 이는 SNS 마케팅 글쓰기에도 필수적이다. 마케팅에서 세일즈까지의 과정이 고객과의 심리 싸움이라 해도 과언이 아니다. 마케팅 글쓰기를 할 때도 내가 고객이라면 어떤 심리를 갖게 될까? 질문하면서

작성하는 것은 싸움에서 승리하는 비결이다.

먼저 고객에게 나의 재화와 서비스를 판매하기 위해서는 고객이 지금 당장 그 물건이 필요함을 역설해야 한다. 바로 고객이 가지고 있는 문제를 제기하는 것이다. 고객이 제품을 구매할까 말까 고민이 시작되는 타이밍. 이 제품이 믿을만하고 품질이 괜찮은가? 제품 자체에 대한 고민에서 시작되는 것이 아니다. 바로 '이 물건이 나에게 필요한가?' 이런 생각을 해보는 데에서 출발한다.

이 물건을 쓰기 전과 쓰고 난 후 나에게 어떤 변화가 있는가 생각해본다. 그것이 생활필수품이라면 1단계의 고민의 과정이 생략되겠지만 대부분의 상품 구매 과정에서 이 고민을 거친다. 그러므로 마케팅 글쓰기에서는 상품에 대한 설명을 바로 언급할 것이 아니라 예상 고객의 문제점을 반드시 짚고 넘어가야 한다. 예상되는 고객의 고민, 문제를 제기하면 구입 의사가 없던 고객도 자신의 사례에 공감하면서 그 때의 불편함을 떠올리고는 '나도 구매해볼까?' 하는 마음이 생긴다.

겨울철부터 제철 봄까지 딸기의 계절이면 SNS는 온통 빨간 맛으로 유혹한다. 보기만 해도 먹음직스럽고 예쁜 딸기 메뉴들이 식욕을 자극한다. 딸기 라떼, 딸기 케이크, 딸기청, 딸기 마카롱 SNS에서 판매되는 종류도 다양하다. 음식이라기보다는 예쁜 사진에 가까워 딸기를 테마로 하고 있는 사진 몇 장을 클릭해보았다. 그 중 딸기청을 판매하는 게시물을 보다가 시선이 멈췄다.

"우리 아기 탄산음료만 찾아서 걱정되셨죠? 이제 탄산음료 대신 건강하게 딸기청에 우유타서 줘보세요."

탄산음료와 주스의 맛을 알고 난 후 우유를 잘 먹지 않는 아이 때문에 늘 걱정이었다. 아이의 건강을 생각하니 달라는 대로 다 줄 수는 없고 그렇다고 안 주려니 아이는 계속 울었다. 나의 고민을 알기라도 한 듯 상황에 딱 맞는 문제 제기에 상품 설명까지 집중해서 읽고 결국 주문서를 작성했다. 그냥 지나칠 수도 있는 글이었지만 케이스를 예로 들어 예상되는 문제를 짚어주니 나를 위한 제품이라는 생각이 저절로 들었다.

다음으로, 상품에 대한 안내 글에서는 고객을 제압할 수 있어야 한다. 여기에서의 제압은 심리적 제압을 뜻한다. '고객은 왕이다.' 이 말이 통하던 시대는 지났음을 우리는 지난 뉴스의 몇몇 사례를 통해 알고 있다. 고객을 만족시키는 서비스는 예나 지금이나 마케팅과 세일즈에서 중요하지만 물건을 팔아야하는 위치라고 해서 갑을관계의 '을'이 될 필요는 없다는 이야기다. '을'이 되는 순간, 마케팅의 심리싸움에서 지고 만다.

사람의 심리가 참 묘하다. 고객은 자신이 '갑'이 되는 순간 구매를 망설이게 된다. 제품 구입에 따른 효용가치가 누구한테 더 있느냐를 따져 보았을 때 고객 스스로한테 플러스(+)가 되는 구매라는 확신을 주어야 한다. 손해보고 하는 장사 없다지만 고객도 손해본다는 느낌을 받으면서 물건을 구입하지는 않는다.

이러한 확신은 제품과 브랜드에 대한 신뢰에서 비롯된다. 제품에 대한 자신감으로 상품에 대해 설명할 때 고객은 마음의 안정감을 얻는다. 물론 그러려면 진정성을 다해 제품을 만들고 요행을 바라고 장사하지는 말아야 하는 것은 기본이다. 내가 고객에게 만족을 주고 가치를 전할 수 있다는 자신감이 있다면 저절로 글에 힘이 실린다. '100% 환불보장' 문구를 전면에 앞세우고 홍보하는 것도 고객에게 그만큼 신뢰해도 된다는 자신감의 표현이다.

세일즈에서 간혹 고객을 대하는 자신감이 수그러들 때, 바로 가격에 대한 질문에 답할 때이다. 일부러 가격을 속여서 더 받는 것도 아닌데 손님이 예상하는 가격이나 예산안을 뛰어넘는 가격이면 그보다 높은 가격을 말하는 목소리가 작아진다. SNS에서도 마찬가지로 가격을 제시하지 않고 판매하는 경우가 많다. '댓글 또는 DM으로 가격 문의'를 적어둔 후 게시물에서는 가격 정보를 보여주지 않는 것이다.

이런 전략이 모두 잘못됐다는 것은 아니다. 고객문의를 이끌어내 소통의 과정에서 구매 결정을 확정짓게 할 수도 있다. 다만, 어떠한 전략 없이 가격을 비공개하는 것은 고객에게 불편함을 일으켜 오히려 역효과를 가져올 수 있다는 사실을 명심하자.

가격은 상대적이다. 고객마다 느끼는 가격 저항선이 모두 다르다. 따라서 시장에서의 적절한 포지셔닝을 분석하여 가격을 설정하면 된다. 이때의 포지셔닝에 따라 브랜드의 콘셉트를 정하고 가격 제시에 있어서도 당당히 공개할 수 있다. 만약 경쟁 상품보다 저가 전략을 택

했다면 '지금까지 이런 가격은 없었다. 단돈 9800원!' 낮은 가격을 강조하여 쓴다. 반대로 고가 전략을 택했다면 '비교 불가, 최고의 품질을 경험하세요.' 라는 문구를 내걸고 비싼 가격을 밝힌다. 비싼 가격이어도 내가 그 이상의 서비스를 제공할 수 있다는 인식을 심어주면 된다. 값비싼 명품이 경기 불황에도 잘 팔리는 이유는 실제 기능 면에서든 심리적인 면에서든 가격 이상의 가치가 있다고 느끼기 때문이다. 고객이 최종적으로 상품을 구매함으로써 얻게 될 이익을 제시한다면 고객은 자신의 구매 행동이 합리적이라고 안심할 것이다.

고객의 마음을 유혹하는 글쓰기를 마쳤다면 마지막으로 해야 할 질문이 있다. '나라면 이 글을 읽고 물건을 사고 싶은 마음이 드는가?' SNS에서는 홈페이지와 같은 공식 채널의 느낌이 덜하여 가볍게 여기거나 대부분 휴대폰으로 작성하는 불편함 때문에 이 과정을 생략하고 작업하는 경우가 많다. 하지만 글쓰기의 기본은 퇴고! 그렇다고 문맥은 자연스러운지 맞춤법은 맞았는지 확인하는 것을 말하는 게 아니다.

'나는 이 글을 계속 읽고 싶은가?'

'구매자의 입장에서 생기는 궁금증은 없는가?'

'최종적으로 이 상품을 구매하고 싶은가?'

쓴 글을 고객의 입장에서 읽을 때 어떤 느낌일지 떠올리며 읽어본다. 이미 판매자의 위치에 있기 때문에 완전히 고객이 되어본다는 것은 어려울 것이다. 하지만 고객의 관점에서 다시 읽으려는 노력이 있을 때 비로소 글에서 안 보이던 부분이 보이고 수정할 수 있다. 글을 쓴

직후 읽기보다는 잠시 덮어두었다가 생각을 비우고 읽어볼 것을 추천한다. SNS의 임시저장 기능을 적극 활용해도 좋다.

'내가 고객이라면 지금 어떤 마음일까?'에 대한 고민은 늘 어렵다. 역지사지란 일단 내가 아닌 고객의 경험을 나의 경험으로 만들어야 하는 일이기 때문이다. 이것을 쉽게 하는 방법은 당연히 직접 경험해보는 것이 최선이다. 글쓰기에 앞서 나는 이 제품 혹은 서비스를 언제? 왜? 사용하였으며 사용하면서 느낀 점은 무엇인지 고객이 되어 적어보자. 이러한 일련의 과정이 고객의 마음을 헤아리고 예상되는 질문에 대응할 수 있는 마케팅 글쓰기를 하는 데에 힘을 실어줄 것이다.

CHAPTER 05

당신이 오늘 본 기사에 세일즈 글쓰기 비법이 모두 담겨 있다

배움은 우연히 얻어지는 것이 아니라 열성을 다해 갈구하고
부지런히 집중해야 얻을 수 있는 것이다. - 애비게일 애덤스

강의안 기획하기, PPT 제작하기, 컨설팅 일정 정리. 거기에 이 책의 원
고 작업까지 모든 일을 노트북 하나로 한다. 인터넷 익스플로러 첫 화
면을 켜면 다양한 기사가 있는 시작 페이지가 뜬다. 주요 포털사이트
로 연결되는 배너 아래에는 각종 인터넷 신문 기사의 제목들이 클릭되
기만을 기다린다.

이때부터 궁금증을 참지 못하는 나 자신과의 싸움이 시작된다. 호기
심이 발동하여 몇몇 기사를 클릭하고 읽다 보면 30분에서 1시간이 후
딱 지나간다. 그래서 해야 할 일이 많은 때에는 노트북을 켜기 전부터
마음을 굳게 먹고 일부러 기사 영역에 눈을 두지 않는다.

사실 몇 개 기사를 읽다 보면 진짜 별것 없는 내용인데 제목만으로도
끌리는 기사가 있다. 이것은 포털사이트의 배너 광고 노출 당 클릭률
이 1% 미만 대에 달한다는 연구 통계와 비교하여 기사의 효과가 꽤나
큼을 알 수 있다.

물론 이런 포털사이트의 배너들은 노출만으로도 큰 광고 효과를 보지만 그런데도 클릭률이 낮은 이유는 광고라고 이미 인식되어 있기 때문이다. 따라서 평소의 관심사가 아니면 클릭하지 않게 된다. 이런 이유로 배너 광고 영역에서도 점차 변화가 시작되어 기사의 제목 형식으로 배너가 제작되기도 한다. 이렇듯 내가 오늘 클릭한 기사를 주목하여 보면, 마케팅 글쓰기 제목을 무엇으로 할지, 주제는 무엇으로 잡아 풀어나갈지 기준을 세울 수 있다.

기사의 제목은 '대중이 읽고 싶어지도록 호기심을 자극해야 한다'는 것쯤은 많은 사람들이 알고 있을 것이다. 질문하기 기법이 이를 위해 자주 사용되었는데 그만큼 너무 싫증이 난 탓에 이따금 호기심을 자극하는 데에 실패하고 만다.

"유기농 과일을 먹어야 하는 이유는 무엇일까?"

예를 들어 기사를 작성할 때 이렇게 질문을 던진다. 내용을 암시하는 질문으로 가장 일반적인 형태다. 평소 건강한 식재료에 관심이 많은 가정주부나 건강 이상으로 의사의 진단, 조언이 있었던 경우가 아니고서는 수많은 기사 중에 클릭하고 싶어지는 눈에 띄는 제목은 아니다.

이를 어떻게 바꾸면 사람들의 호기심을 자극할 수 있을까. 위와 같은 제목으로 쓴 기사는 당연히 유기농 과일이 좋은 이유에 대한 정보가 나열되어 있을 것으로 기대된다. 이러한 정보를 효과적으로 전달하기 위한 방법은 단순히 사실만을 늘어놓기보다 스토리를 입혀 접근할 때 전달력이 좋고 오래도록 기억된다. 학창시절의 공부할 때를 떠올려보면 단순 암기·주입식의 교육보다 사례를 들었을 때 흥미롭고 더욱 오랫동안 기억하는 것과 동일하다.

"발달장애아동 ○○이 유기농 과일만 먹을 수밖에 없던 이유는?"

이렇게 제목 역시 마찬가지로 스토리를 입혀본다. 이제 ○○의 이야기가 좀 더 궁금하지 않은가. 똑같은 정보를 담고 있는 내용이라 할지라도 스토리를 담고 있으면 전개될 이야기가 더욱 궁금해진다. 실제로 발달장애가 있는 아동이 유기농 식단으로 바꾸고서 정상적인 생활이 가능하게 됐다는 해외 사례를 TV프로그램에서 본 적이 있다. 유기농 음식이 우리 몸에 미치는 영향을 다룬다고 할 때, 이러한 스토리를 담고 있으면 전달력이 좋아지지 않겠는가. 마찬가지로 제목에서도 스토리가 있을 것이라 기대하게 되면 호기심을 더욱 자극할 수 있다.

인터넷 기사는 제목이 클릭률을 좌우하다보니 대중의 호기심을 자극하는 방법이 총망라되어 있다. 기사는 그 특성상 사실과 정보를 전달하는 데에 초점이 맞춰져 있지만, 조금만 변화를 주어 그 형식을 빌려 쓰면 SNS 마케팅 글쓰기를 하는 데에도 유용하다. 오히려 그것이 광고 같지 않은 정보를 매개로 하여 마케팅을 할 수 있다는 점에서 더욱 효과적이다.

이미 많은 매체를 통해 정보의 습득이 용이해진 우리는 자주 들어온 정보를 또다시 복습하는 데에 시간을 허비하고 싶지 않다. 그래서 '여성에게 꼭 필요한 과일, 석류와 바나나 먹으면 나트륨 배출에 좋아요.'와 같은 제목의 기사는 뻔히 아는 내용을 담고 있을 것 같아 클릭해보지 않는다. 설사 내용에 이전에 알지 못했던 유익한 정보를 담고 있다 할지라도.

반면에, 내외경제TV에서 작성한 기사의 제목은 "약용식물 '알로에 효과' 항산화 및 화상 뿐만 아니라 '이것'에도 도움돼"라고 쓰어 있어 우리가 기존에 알고 있는 지식 외에 새로운 것이 더 있을 것 같다. 기사 안의 내용을 다 알려주지 않고 '이것'이라고 숨김으로써 무엇이 더 있을지 궁금증을 자아내게 된다. 앞에서도 강조해왔지만 SNS는 광고를 보기 위한 매체가 아니기 때문에 이렇게 정보를 담고 있으면서 호기심을 자극하면 유입을 더 늘릴 수 있다. 이러한 기사의 형태에서 내용을 변형, 발전시켜 유익한 정보를 소개하고 '알로에 베라 순도 100%의 효과를 피부로 느껴보고 싶으시다면 ○○○수딩젤로 경험해보세요.'라고 상품을 홍보하면 금상첨화다.

또 하나, 자꾸만 손이 가는 제목 중 하나가 바로 '미공개', '비하인드' 컷 공개를 발표하는 기사다. TV프로그램에서도 드라마 홍보 등을 위해 미공개 NG영상 또는 촬영장 비하인드 컷을 보여주면서 시청자들의 흥미를 끄는 것을 보았을 것이다. 이는 기존에 공식적으로 공개한 영상이나 이미지보다 내가 관심 있는 대상에 대해 속속들이 보여줄 것 같

약용식물 '**알로에 효과**' 항산화 및 화상 뿐만 아니라 '**이것**'에도 도움돼
내외경제tv 2018.12.26.
알로에 효과 '**항산화 및 항균 효과**' 알로에의 잎사귀 안쪽에 들어있는 수분조직을 '젤'이라고 부르는데, 이 **알로에** 젤 속에는 폴리 페놀이라는 강력한 **항산화** 물질이 들어 있다. 폴리 페놀은 다른 식물성 화합물과 함께...

'알로에 효과'를 소개하는 기사 중 내외경제TV 기사의 제목

아 설레기 마련이다. 주로 인터넷 뉴스의 기사에서 다루는 대상은 연예정보나 TV프로그램 등이지만 마케팅의 대상인 상품 혹은 브랜드로 영역을 확장할 수 있다.

'SNS 시인'으로 불리는 이환천 작가는 오랜 시간 페이스북에 페이지를 개설하여 자작시를 올려 많은 팔로워를 확보했다. 이렇게 많은 독자층을 얻게 되면서 자연스레 시집으로 엮어 출간했다. 그간 SNS에서 많은 이들이 읽고 공감한 그의 자작시를 모은 시집은 'SNS 미공개 작품 수록'이라는 부가설명 덕분에 더욱이 잘 팔렸다. 기존에 그의 시를 SNS에서 봐왔던 독자들도 궁금해서 책을 구매하게 한 것이다. 오히려 그

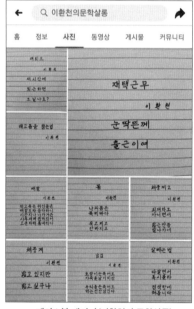

페이스북 페이지 '이환천의 문학살롱'

의 시를 흥미롭게 읽어왔던 매니아층이라면 미공개 작품도 놓치지 않고 소장하고 싶은 욕구가 있기 때문이다. 이렇게 '미공개', '비하인드'란 단어는 기존 고객층까지도 궁금증을 폭발시키기에 충분하다.

SNS 마케팅의 채널 중 유튜브에서도 '미공개', '비하인드' 영상을 쉽게 찾아볼 수 있다. KEB하나은행 여자 농구단은 유튜브 채널 '하뱅빠스켓'을 개설해 팬들에게 다양한 모습을 보여준다. 공중파방송에서는 그녀들의 경기에 임하는 진지하고 다소 긴장한 모습들만 봐왔다면 유튜브 채널에서는 그녀들의 이웃집 누나, 언니같이 친근한 모습을 볼 수 있다. '하뱅빠스켓'은 선수들의 예능감 넘치는 일상생활 모습을 담은 경기장 밖 '비하인드' 스토리를 보여주며 새로운 방식으로 농구단을 알리는 데에 역할을 톡톡히 하고 있다. 이렇게 SNS 마케팅 글쓰기를 할 때, '미공개', '비하인드' 단어를 적절하게 사용하면 애착 있는 상품 혹은 서비스에 대한 친근감, 소속감을 고취시킬 수 있어 분명 기사에서 뽑아낸 활용 소재가 높은 단어이다.

요즘은 대형 신문사들뿐만 아니라 오직 인터넷 뉴스 기사만을 쓰는 미디어 업체까지 대거 생겨나면서 미디어 경쟁이 심화되었다. 대중의 관심꺼리는 한정되어 있어 각 신문사들마다 비슷한 내용을 다루면서도 자극적인 제목의 기사를 써서 클릭을 유도하는 데에 혈안이 된 모습을 보이기까지 한다. 그런데도 마케터라면 이렇게 클릭해서 보게 된 기사의 제목은 한 번 더 눈여겨 볼만하다. 지금부터는 '나는 이 제목을 보고 왜 클릭하게 되었을까?' 다시 한번 생각해보자.

CHAPTER 06

매출로 직결되는
마지막 한 줄 제대로 쓰는 법

이해하려고 노력하는 행동이 미덕의 첫 단계이자 유일한 기본이다.
- 바뤼흐 스피노자

첫인상을 결정하는 데에 필요한 시간 3초. 이 짧은 시간이면 누군가의 첫인상을 결정짓고 그 첫인상은 이후에도 그 사람의 전반적인 인상을 형성하는 데에 강한 영향을 미친다. 이것이 바로 초두 효과(첫인상 효과)다. 첫인상을 좌우하는 3초 법칙. 마케팅에서는 고객의 시선을 끄는 첫 3초도 중요하지만 마지막 3초 역시 고객을 호기심 또는 관심에서 구매 결정으로 전환해야 하기에 중요하다.

한번은 자주 애용하는 농수산물 장터 애플리케이션에서 딸기를 주문했다. 맛도 좋고 포장도 성의 있게 배송되어 기분 좋게 먹었기 때문이었다. 이번에는 선물용을 사고자 애플리케이션을 통해 판매자에게 메시지를 보냈다. 정해진 날짜에 배송받기 위해서 언제쯤 주문하면 될지 문의를 남겼다. 지금 주문하면 일찍 도착하니 하루 지나서 오후에 주문을 넣어달라는 회신이 왔다. 그렇게 메시지 주고받기를 끝낸 후 다음 날, 주문하기 바로 직전에 다른 구매자가 올린 구입 후기를 보았다.

'딸기는 싱싱한데 맛은 그다지 달지 않네요.'

이 후기를 본 순간 망설여졌다. 딸기가 끝물이라 나 또한 예전보다 맛이 없을지도 모르겠다는 우려에서였다. 결국 선물용이라 한 번 더 고심한 끝에 다른 종류의 과일을 타 업체에서 구입했다. 메시지로 친절하게 안내해 준 게 고마워서 그냥 주문할까도 생각했지만 선물용이라 아쉽지만 내년 딸기철을 기약하기로 했다. 만약, 메시지를 주고 받을 때, 판매자가 "지금 주문하시면 메모해두었다가 요청하신 날짜에 보내드리겠습니다." 라고 했다면 나는 그 업체에서 바로 구입했을 것이다.

고객은 기다려주지 않는다. 우리는 종종 쇼핑할 때도 마찬가지로 "(다른 곳을) 구경하고 다시 올게요."라며 매장 문을 나설 때가 있다. 빈손으로 나오는 게 마음 쓰이고 미안해서 빈말로 건네는 경우가 대부분이다. SNS 마케팅 글쓰기에서도 손님이 우물쭈물할 시간을 빌미로 주어서는 안 된다. 3초 안에 행동Action하게 하라!

아무리 마케팅의 기초를 모르는 사람일지라도 세일즈하는 상품의 정보를 알리고 진짜 옆집 이웃인 마냥 고객의 건강을 기원하면서 마지막 인사로 끝맺음을 하는 경우는 드물다. 이것은 어쩌면 매출을 올리고 싶은 당연한 욕구에서 비롯된 것이기도 하고 마케팅 글쓰기 자체가 상품을 설명하는 안내문에 그치지 않고 상대를 설득하기 위함에 있기 때문이다.

고객을 설득하기 위해서는 일단, 고객의 현 상태를 파악해야 한다. 이 고객이 무엇 때문에 구입을 망설이고 있는지, 이 고객은 구입에 있어서 어떠한 요소를 가장 중요한 기준으로 삼는지. 파악이 가능할 때 그것에 맞게 대처할 수 있다. 단순히 대중을 대상으로 게시한 글로 끝나면 SNS 마케팅에서 성공을 거두기 어렵다.

고객에게 한 발짝 다가서는 방법, 바로 1:1 대화를 끌어낸다. 다행히 SNS 각 채널에는 1:1 대화를 주고받을 수 있는 기능이 존재한다. 또한 인터넷 환경과 같게 링크를 설정할 수 있어 채널 간 이동이 자유롭다. 필자는 블로그의 댓글이나 인스타그램의 댓글 혹은 DM 등 메시지를 주고 받을 수 있는 기능들도 좋지만 SNS 마케팅 글쓰기를 위해서 이 링크를 적극 활용할 것을 권한다.

고객은 구매하는 데에 들이는 자신의 시간을 줄이고 싶어 하고 정말 이거 아니면 안 되겠다 싶은 물건이 아니라면 그 어떠한 불편함도 감수하려고 하지 않는다. 불편을 겪는 순간, 고객은 경쟁업체의 고객이 되고 만다. 종종 소소하게 블로그로 상품 판매를 진행하는 경우를 보면 '가격 문의는 비밀 댓글로 해주세요.'라는 문구를 보게 된다. 이러한 상품이 희소성이 있거나 시장에서 가격형성이 안 된 상품이라면 답글을 기다리겠지만 그와 반대로 어디서든 쉽게 구할 수 있거나 대체재가 존재한다면 빠른 회신을 바라는 고객은 떠나간다. 이미 고객들은 가격이 공개되어 있지 않고 댓글로 문의를 해야 한다는 사실이 불편하다. 비밀댓글에 답변을 기다리지 않고 실시간 상담이 가능한 사이트를 찾아나설 것이다.

심지어 블로그와 인스타그램에 상품을 판매하면서도 게시글에는 상담채널이나 쇼핑몰 홈페이지 등에 대한 아무런 정보를 적지 않은 경우도 있다. 고객들이 알아서 블로그의 대문이나 인스타그램의 프로필에 적힌 정보를 확인하고 와주길 기다리는 모양새다. 손님맞이할 문도 안 열어놓고 간판에 불만 켜놓은 격이다.

블로그, 페이스북, 유튜브 등 대다수 SNS는 링크 기능이 활성화되어 있으므로 이를 충분히 활용한다. 카카오톡 아이디를 알려주는 것도 좋은 방법이지만 상담 채널로 활용할 수 있는 카카오톡 오픈 채팅을 개설하는 것이 좋다. 고객들이 스스로 입력하는 불편함 없이 링크만 클릭하면 바로 상담이 가능하기 때문이다. 또는 지속해서 잠재고객을 확보하여 상품 관련 소식을 알리거나 프로모션을 진행할 수 있는 카카오톡 채널(구. 플러스친구) 계정을 생성하는 것도 좋은 방법이다. 카카오톡 채널 역시 바로 상담이 가능한 URL 주소를 제공하므로 링크에 활용해보자.

SNS 채널 중 인스타그램은 본문에 링크 삽입이 불가하지만 프로필의 링크를 클릭해달라는 안내 문구 하나면 충분하다. 실제 SNS 마케팅 교육을 하면서 나의 일상을 보여주고 있는 필자의 SNS 계정 역시 연락처를 공개해 두었지만 대부분 오픈 채팅 URL을 클릭하고 상담을 요청한다.

상품의 마케팅과 세일즈를 하나의 게시물에서 동시에 할 수 있다는 사실은 구매 촉진을 확실히 장려한다. 인스타그램에서 처음 쇼핑태그 기능을 출시했을 때 게시물 이미지에서 관심 있는 상품의 제품명, 가격 정보를 바로 확인할 수 있고 탭할 시 쇼핑몰 연결까지 되어 많은 이용자들이 열광했다.

실제 인스타그램의 발표에 따르면 매달 1억3천 명 이상이 쇼핑태그를 확인하기 위해 제품 이미지를 탭한다고 한다. 인스타그램 내 결제 기능이 불가해서 실제 판매 증가보다 자사 브랜드의 사이트 유입을 늘리는 수준에 그쳐 아쉽다는 평가도 곧 해결될 것으로 보인다. 이미 미국 내에서는 결제까지 인스타그램 애플리케이션 내부에서 가능한 '체크아웃' 기능을 출시하여 즉각적인 구매로 이어지고 있다. 현재는 베타 버전으로 특정 브랜드만 '체크아웃' 기능이 가능하지만 점차 확산되면 이로써 구매를 위해 다른 플랫폼으로 이동, 결제하는 과정에서 발생하는 구매포기를 상당수 줄일 것이라 기대한다.

SNS 마케팅 글쓰기를 할 때도 마찬가지다. 상품이나 서비스를 직접 구입할 수 있는 웹페이지로의 연결 고리를 제공해야 한다. 상담이 아닌 주문을 메시지로 받게 되면 고객들은 일일이 말해야하는 부담감이 생긴다. 또는 내가 읽은 글에서 바로 상품이나 서비스를 구입할 수 없고 별도의 플랫폼에 들어가 찾아야한다면 번거로워서 구매를 포기하고 말 것이다.

유튜브의 〈다다리빙〉 채널에서는 다양한 생활용품들을 직접 사용하면서 상품의 특성, 장점 등을 재미있으면서도 직관적으로 보여주어 구매 욕구를 더욱 자극한다. 영상을 보고 나면 꼭 사야할 것만 같다. 구매 욕구가 일었을 때 바로 사야 구매를 포기하지 않는다. 이러한 소비자의 심리를 읽은 듯 〈다다리빙〉에서는 영상의 게시물 아래에 구매 좌표

유튜브 채널 '다다리빙' 게시물

를 링크해 둔다. 실제 이렇게 올린 상품들은 평상 시의 몇 배로 상품이 팔려나간다고 한다.

매출로 이어지는 글쓰기의 비법은 디테일에서 비롯된다. 얼마나 고객의 편의를 생각하고 글쓰기에서 손님이 스스로 찾아올 수 있도록 배려하고 있는가에 달렸다. 쇼핑에 나선 고객이 당일 휴무인 가게를 다음에 다시 찾아줄 확률은 그리 높지 않다. 문이 닫힌 가게 옆에는 성황리에 영업 중인 가게도 많으니깐. 링크 한 줄, 손님이 들어올 수 있도록 문을 열어두자.

CHAPTER 07

마케팅 글쓰기를 위해
기억해야 할 글쓰기 규칙

당신이 할 수 있거나 할 수 있다고 꿈꾸는 그 모든 일을 시작하라.
새로운 일을 시작하는 용기 속에 당신의 천재성, 능력과 기적이
모두 숨어 있다. -괴테

초등학교 2학년 즈음, 매주 금요일이면 친구들 넷이서 글짓기 수업을
들었다. 친구들 집을 집집마다 오가며 노는 재미가 더 컸던 수업이지
만 어렸을 적 배운 지식이 오래 남는다고 그래도 덕분에 중·고등학교
글짓기 대회 상은 모두 휩쓸 수 있었다.

요즘의 초등 국어에서는 기행문, 광고문 등 다양한 형태의 글을 많이
접해볼 수 있는 기회를 제공하지만 그때 당시의 정형화된 논술 수업을
교육받은 우리 세대가 기억하는 건 언제나 서론, 본론, 결론에 들어갈
내용을 조직하고 작문하는 것이다. 글의 종류에 따라 서론, 본론, 결론
에 들어갈 내용이 어느 정도 틀이 갖춰져 있어 그에 맞춰 쓰는 것이 독
자들에게 잘 읽힌다고 배웠다.

설명문의 경우, 처음 부분에는 대상에 대해 관심을 두게 된 배경 혹
은 이 글을 쓰게 된 계기를 밝히고 중간 부분에는 정의, 비교, 대조, 예
시 등 다양한 기법으로 대상을 상세하게 설명한다. 그리고 끝 부분에

는 앞의 내용을 다시 한 번 정리하면서 강조한다. 논설문의 경우도 주로 쓰는 형식이 있다. 두괄식, 미괄식에 따라 달라지지만 대개 서론 부분은 논제를 제시하거나 주장하는 바를 드러내고 본론 부분은 주장에 대한 근거를 제시하며 결론 부분에서 주장을 강하게 나타낸다. 많은 이들이 이것을 '글쓰기의 구조'라고 명칭하며 외우다시피할 만큼 일정 규칙이 있는 것처럼 보인다. 그렇다면 SNS 마케팅 글쓰기에도 이 '글쓰기의 규칙'이 통할까?

SNS 마케팅 글쓰기에서의 규칙은 오히려 기존의 규칙을 깨는 것 자체를 새로운 규칙으로 하는 것에 가깝다. SNS와 동시에 사람들의 입에 자주 오르내리는 단어가 바로 '크리에이티브'다. SNS에서 통하는 방식은 바로 규칙을 정해놓고 틀에 끼워 넣은 듯한 글쓰기가 아니라 창의적 발상이 돋보이는 글이다. SNS 자체가 크리에이티브한 발상의 근원지이고 무대 자체가 되기에 콘텐츠를 담아내는 글 역시 크리에이티브한 글이 주목받을 수밖에 없다.

SNS의 특성상 짧은 시간 안에 읽을 수 있는 글을 선호하지만 그렇다고 모든 글을 두괄식으로 쓸 필요는 없다. '두괄식'이라는 하나의 글쓰기 룰이 입력되는 순간, 글의 자유분방함을 방해할 수 있기 때문이다.

물론 가격 경쟁력이 높은 상품이나 특별 프로모션 행사를 진행하는 경우에는 소비자들의 시선을 모으기에 여전히 두괄식으로 가격과 이벤트를 강조하는 것이 좋다. 하지만 가격을 낮추거나 1+1과 같은 공격적인 마케팅만 항상 있을 수는 없으며 이런 판매행사는 굳이 글쓰기를 잘하지 않아도 관심 고객층을 구매자로 전환하기 쉽다. 진짜 마케팅의 참맛은 판매가 저조한 상품이나 신규 상품의 구매 촉진에 있으므로 두 괄식으로 글쓰기가 아닌 상품의 특성을 살리거나 브랜드를 각인시키는 개성 있는 글이 좋다.

신랑과 나는 가끔 TV 프로그램을 보면서 자막에 나온 맞춤법 실수를 찾아내거나 서로 헷갈리는 단어는 재미삼아 내기하기도 한다. 옴부즈맨 프로그램에서도 자주 지적됐지만 '알맞는', '대노', '할께요', '곰곰히' 등 생각보다 눈살을 찌푸리게 하는 실수가 잦다. 예능프로그램 뿐만 아니라 뉴스에서도 종종 이런 실수가 나오는 것을 보면 국어의 파괴가 심각함을 느낀다.

물론 나 또한 한글 맞춤법 전문가는 아닌지라 가끔은 어느 것이 맞는지 몰라서 갸우뚱할 때가 있다. 그럴 때면 꼼꼼한 성격 탓에 어떤 글을 쓰건 확실하지 않은 맞춤법은 일일이 찾아본다. 포털사이트에 어학사전 탭이 별도로 있다는 사실은 나로서는 꽤 고마울 정도다.

SNS에 마케팅을 위한 글을 쓸 때도 마찬가지였다. 내가 가장 많이 헷갈리는 단어 중에 하나가 바로 '금세'와 '금새'다. 나 혼자만의 언어체계에서 '금수+사이(시간의 개념으로 ~동안)'의 결합으로 이루어진 단어라고 처음부터 생각이 굳어진 터라 올바른 '금시今時에'의 구어체 준말인 것을 알게 된 이후로도 줄곧 헷갈렸다. 아마 내가 인지하고 있는 맞춤법 오류보다 더욱 많은 실수가 있었는지도 모르겠다. 하지만 틀린 어법이나 맞춤법에도 고객들은 내가 적은 SNS 글을 보고 창업과 제품문의를 끊임없이 해왔다.

오히려 SNS에서는 언어 체계의 전통성을 지키려 하기보다는 과감히 깰 줄도 알아야 한다. #코덕, #핵인싸, #젊줌마 등의 신종 해시태그 사용만 보더라도 트렌드를 따라 써야 '좋아요'가 늘어난다. 최근 많은 브랜드들의 인지도를 높이기 위한 이벤트 진행으로 포털사이트 검색어 마케팅이 성행하는데 소셜커머스 위메프에서 진행했던 프로모션인 '윔메뜨' 역시 포털사이트 검색어 1위에 오르며 화제가 되었다.

슬로건도 발음하기 어려웠지만 인터넷 신조어 방식으로 쓴 문구는 고객들의 눈에 확 띄었다. 파격적인 행사가격도 화제가 된 것은 사실이지만 언어의 파괴와 문화의 다양성을 두고 논란이 있어서 더욱 화제가 된 것이다. 결과적으로 위메프의 마케팅 목적 달성 측면에서 본다면 많은 대중의 주목을 받아 성공리에 마쳤다. 이 밖에도 화제의 중심이 되는 소셜커머스의 광고 문구들은 언어의 새로운 트렌드를 따라야

소셜커머스 '위메프'의 프로모션 광고 이미지

하는 이유가 되기에 충분하다.

그렇다고 모든 사업 분야에서 이러한 언어의 새로운 트렌드를 따라야만 성공한다고 이야기하기는 어렵다. 사업에 따라 타깃이 다르고 타깃의 특성이 다르고 선호성향이 각각 다르다. 젊은 세대를 주요 타깃으로 하면서 트렌드에 민감하고 감각적인 표현을 중시하는 패션 업종에서는 SNS 용어들을 병용하여 마케팅 글쓰기를 해도 어색하지 않다. 반면에, 요즘에는 법률사무소, 행정사무소, 세무사무소 등 전문직종의 분야에서도 SNS를 통해 홍보하는 움직임이 활발한데 이러한 업종에서는 문법, 어법은 물론이고 사소한 맞춤법까지 지켜서 쓰는 편이 훨씬 고객에게 신뢰감을 줄 수 있다.

다양한 문서의 작성을 다루고 계속 수정, 편집해야 하는 분야의 전문직종에서 고객을 처음 마주하는 글의 맞춤법을 틀린다면 고객은 그들의 전문성까지도 의심하게 될 것이다. 전문적인 업무는 다르다고 하지만 일반영업에서도 고객과의 첫인상이 중요하듯, SNS상에서 처음 만나 글로 전하는 첫인상도 중요하다.

그런데도 실제 블로그의 포스팅을 살펴보면 전문분야를 다루는 내용임에도 별개로 마케팅을 진행하는 경우가 많아 안타까움을 자아낼 때가 있다. 현실적으로 기업 내 별도의 온라인 마케팅 팀을 구축하기 어려워 마케팅대행사를 통해 블로그를 관리하다 보니 이러한 경우가 종종 발생하는데 고객은 생각보다 꽤 눈치가 빠르다. 전문 분야의 경험 없이 홍보를 위한 글을 작성한 것은 금방 표가 나기 마련이다. 대행으로 홍보를 맡긴다고 하더라도 그 안의 내용물을 온전히 내 것으로 채워 넣는 것이 좋다. 상호나 상표만 노출시키기 위한 글쓰기를 하는 것보다 고객에게 어필할 수 있는 SNS 마케팅 글쓰기의 기본이다.

SNS 마케팅의 글쓰기 규칙은 따로 없다. 어쩌면 이 책을 읽고자 한 독자들에게 명확한 해법을 주지 않아 허무하거나 실망했을지도 모르겠다. 오히려 공식이 정해져 있는 글쓰기라면 더 쉬웠을지도 모른다. 여기서 제시한 다양한 사례를 보고 자신의 브랜드와 성격이 맞는 자신만의 글쓰기 규칙을 만들어 나가면 좋겠다. 그것이 오히려 고객들에게 브랜드를 잘 전달할 수 있는 노하우가 될 것이다. 그렇다고 맞춤법이나 문법 등을 무시해도 된다는 것은 아니다. 단지 맞춤법이나 글쓰기를 두려워해서 SNS 마케팅의 기회를 놓아버리지 않았으면 한다. 구더기 무서워 장 못 담글까. 일단 키보드에 손이 가는 대로 써보자.

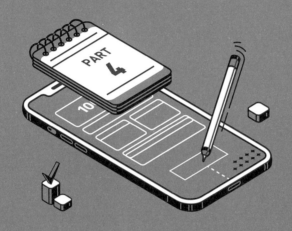

고객이 끊이지 않는
블로그, SNS 글쓰기 기술

CHAPTER 01

해시태그 제대로 알고 공략하기

위대한 글쓰기는 존재하지 않는다. 오직 위대한 고쳐 쓰기만 존재할 뿐이다.
- E. B. 화이트

#옆집대박 #정신바짝 #마케팅성공시크릿 #SNS마케팅글쓰기 #책한권으로끝내기

이 책을 열심히 읽고 있는 독자들 중에는 전날 밤, 마케터로서 창조의 힘을 쏟아 부은 탓에 매우 피곤한 상태에 있을 것이다. 그런 독자에게 누군가 이 책을 건네며 "이 책 읽어봐. SNS 마케팅 글쓰기를 하는 데에 도움이 될거야." 라고 얘기했다고 가정하자. 안 그래도 졸린데 책을 손에 쥐어주니 청소나 하다가 발견할 한 쪽 구석에 처박아 놓고 싶다. 반면에 침대에 누워 잠들기 전 인스타그램을 켰다가 팔로잉의 피드에서 이 책의 사진과 함께 위의 해시태그를 보게 된다면? 구석에서 슬그머니 가져와 책을 펴보고 싶어질 것이다.

이것이 해시태그의 힘이다. 해시태그는 본래 관련 정보를 묶어 모아보는 기능을 제공했으나 현재는 많은 SNS 유저들에게 검색의 용도로 활용되고 있다. 그리고 마케터들은 이를 놓치지 않고 해시태그를 마케팅의 용도로써 사용한다.

　일단 이제 막 SNS 마케팅을 시작했다면 광고 효과를 극대화하는 핵심은 팔로워다. 팔로워를 확보해야 많은 사람들이 나의 글을 볼 수 있다. 팔로워를 늘리는 방법으로는 몇 가지가 있지만 여기서는 그 중 해시태그 활용법을 알아보자. 해시태그도 앞에서 말한 블로그의 키워드처럼 검색의 기능 요소를 갖고 있다. 즉, 잠재고객이 나를 발견하기 위한 하나의 과정이다. 고객이 나를 찾아오는 길의 문을 활짝 열어두고 싶다면 사람들이 많이 사용하는 인기 해시태그 중에서 선택한다. 사람들이 주로 검색을 통해 타 계정으로 들어오게 되는 해시태그는 보편적으로 많이 사용하는 것이기 때문이다. 사람들이 검색조차 하지 않는 해시태그만 써서는 아무도 내 피드에 먼저 찾아와 주지 않는다. 다만, 관련 분야에서 사용빈도 최상위에 있는 해시태그는 그만큼 최신 게시물 영역에서도 내 게시물이 빠르게 뒤로 밀려나므로 보다 전략적인 접근이 좋다.

　그렇다면 인기 해시태그를 어떻게 알 수 있을까? 인스타그램에서는 친절하게도 해시태그의 게시물 입력수를 알려준다. 만약 SNS에서 많은 사람들과 소통하고 싶어 '#소통하고지내요'를 해시태그에 달았다고 해보자. 나를 팔로우할 사람이 얼마나 늘어날까? 2020년 4월 현재, 1000개를 조금 넘는 해시태그로는 그 수가 기대에 미치지 못할 것이다. 반면에 동일한 의미를 가진 '#소통스타그램'을 해시태그 한다면 결과는 어떨까? 이제 300만 건이 넘는 해시태그를 다는 것으로 그 기대효과를 높일 수 있게 되었다.

　해시태그를 선택하는 것이 어렵다면 그리고 마케팅의 타깃을 겨냥하기 위해 고심 중이라면 네이버에 '인스타그램 해시태그 모음'을 검색해보자. 각 사진의 주제에 맞는 해시태그를 선택해서 글을 올리는 데에 도움이 될 것이다. 이 책에서 몇 가지 인기 해시태그를 소개하면 좋겠지만 네이버를 추천하는 이유는 해시태그도 트렌드를 따르기 때문이다. SNS는 젊은 세대가 주로 이용하는 만큼 트렌드의 변화 속도가 매우 빠르므로 해시태그를 사용할 때에도 지속해서 트렌드의 흐름을 살피기를 추천한다.

　반대로 해시태그로 팔로워를 많이 확보한다고 해서 인기 해시태그를 남용해서는 안 된다. 오늘날 해시태그는 젊은 세대들의 다양한 사회적 이슈에 대한 관심과 사회참여로의 발판을 만들어주었다. #Remember0416, #세월호4주기, #광화문집회 등을 보면 그 역할의 순기능에 대해서는 부정하지 못 할 것이다. 2017년 트위터코리아에 따르면 20대와 30대가 주 사용 연령층인 SNS에서 국내 최다 공유 해시태그로 세월호 사건의 추모의 뜻이 담긴 #PrayforKorea를 든 것만 봐도 알 수 있다.

　그런데 만약 이 해시태그에 자신의 상품 혹은 브랜드를 홍보하는 해시태그를 동시에 올린다면 팔로워들은 어떤 느낌을 받을까? 마케터로서 열심히 일한다고 물건 하나라도 더 팔아주려고 할까? 아니다. 진정한 애도가 아닌 상품 판매에 열을 올린다고 오히려 불매운동이 벌어질

지도 모르겠다. 그리고 조용히 팔로우 취소를 누르는 사람도 있을 것이다. 이것이 의식있는 해시태그 마케팅이 필요한 까닭이다.

지금까지는 일반적인 해시태그의 활용법에 대해 알아봤다면 이제 마케터로서 '센스 있게 해시태그 다는 법'을 살펴보자. 우리는 종종 자기 표현의 욕구를 충족하기 위해 SNS에 글을 올린다. SNS라는 특성상 다른 사람이 내 글을 본다는 사실을 인지하면서도 실상 내 입으로 꺼내기 어려운 말을 SNS에는 적어내고 있다. 또는 이렇게 공론화하기 어려운 말이 아니더라도 누군가에게 내 속마음을 보여주고 싶을 때가 있다. SNS에서는 내 마음을 표현하는 허용범위가 왠지 모르게 넓어진다.

이럴 때 나는 해시태그를 사용해보기를 권장한다. 해시태그는 본래 정보를 분류하는 기능을 갖고 있어 #기호 뒤에 하나의 단어로 표현되어 왔다. 하지만 보다 센스있는 사용을 위해 단어로 한정지을 필요는 없어 보인다. 해시태그는 마케팅에서 검색의 기능을 위해 필요한 것이지만 특수기호#를 사용함으로써 글을 읽는 사람으로 하여금 집중하게 하는 효과가 있다. #기호 뒤에 붙인 단어 혹은 문장은 한 번 더 눈이 가게 마련이다. 이를 이용해서 앞에서 언급한 사실과 다른 속마음이나 마케팅 하고자 하는 상품을 위트 있게 표현할 수 있다.

예를 들어, 올여름 친구들과 함께 풀 파티를 즐기러 갔다. 가기 전날에는 수영장 필수품인 워터프루프 화장품도 준비했다. 그런데 아뿔싸! 오늘 아침 급하게 준비하느라 습관처럼 사용하던 제품을 썼나보다. 얼룩이 번져 얼굴은 엉망이 되었어도 추억을 간직하는 인증샷은 꼭 찍어야 한다. SNS에는 이렇게 올렸다.

"역시 여름은 풀 파티가 촉오(최고)! 올만에(오랜만에) 친구들 만나서 물놀이하니 학창시절로 돌아간 기분♡ 워터프루프 선크림과 아이라이너만 하고 왔더라면 완벽했을 하루인데…. (ㅠ.ㅠ)"

그리고 아래에는 이런 해시태그를 달았다.

"#○○○마스크팩이열일했네 #내사랑○○○마스크팩"

자신이 판매하고 있는 마스크팩을 센스있게 홍보한 것이다. 직접적으로 상품 홍보를 하는 콘텐츠보다 사람들이 더 많은 관심을 갖는 일상 콘텐츠에 더한 해시태그 한 줄이 더 큰 효과를 가져올 수 있다.

마지막으로 효과적인 마케팅을 위해 나를 브랜딩하는 해시태그를 만들어보자. 나를 하나의 단어로 표현하는 일은 쉬운 일이 아니다. 하지만 오직 나만이 쓸 수 있는 해시태그만큼 나를 잘 브랜딩하는 방법도 없다. 그리고 이것은 브랜딩을 넘어 고객을 이끄는 효과를 가져온다.

해시태그는 실로 위대한 전파력을 지니고 있다. 나를 뜻하는 해시태그는 내 팔로워를 통해 또 그 사람의 팔로워를 통해 널리 퍼져 나갈 수 있다. 해시태그 하나만으로 고객 100명을 모을 수 있다는 말이다. 단, 고유한 해시태그에는 나의 색깔을 충분히 드러내도록 한다. 필자는 나만의 해시태그로 '#대체불가SNS마케팅강사'를 사용한다.

사실 많은 사람들이 보는 나의 첫 이미지는 강함과 카리스마보다는 부드러움과 따스함에 가까울 것이다. 많은 사람 가운데 눈에 띄고 싶어 하면서도 한편으로는 내성적인 성격을 가진 탓이기도 하다. 하지만 다소 강렬한 이미지를 떠올리게 하는 이 해시태그를 쓰기 시작한 것은 강사로서 보다 많은 사람들에게 선한 영향력을 준다는 의미에서 파워 있는 사람이 되고 싶은 마음에서다.

물론 나보다 먼저 SNS 마케팅 강사로서의 길을 걷는 사람이 여럿 있고 지금 당장 최고가 아닐 수 있다. 그래도 나를 뜻하는 해시태그답게 항상 대체불가의 온리 원Only One1인 SNS 마케팅 강사가 되기 위해 노력하겠다는 스스로의 약속이 담겨있다. 그리고 머지않아 대한민국에서 많은 사람들이 나를 이렇게 기억할 것이다. #대체불가SNS마케팅강사로 말이다.

CHAPTER 02

돋보이는 프로필로
팔로우 늘리기

**무엇을 쓰든 짧게 써라. 그러면 읽힐 것이다. 명료하게 써라.
그러면 이해될 것이다. 그림같이 써라. 그러면 기억 속에 머물 것이다.**
- 조지프 퓰리쳐

청년실업 문제가 연일 뉴스로 보도되던 때였다. 당시 나 역시 대학생의 신분을 잃고 취업준비생으로 살아가게 될까 봐 불안했기에 필사의 노력을 다해 자기소개서를 썼다. 합격만 하면 뭐든 다할 수 있을 것 같은 마음으로 조금이라도 더 나를 '팔기 위해' 한 줄 한 줄 심혈을 기울인 프로필이었다. 아마 나뿐만 아니라 많은 취업준비생들이 이렇게 정성을 다했을 것이다. 서류전형에서 보여줄 수 있는 능력은 그것이 전부였기에.

그런데 블로그나 인스타그램 프로필은 그만큼의 정성을 들여 쓰는가. SNS를 마케팅의 도구로 활용하고 있으면서도 상호 한 줄만 적어놓은 프로필을 볼 때면 직업의식이 발동한다. 당장에 DM이라도 보내서 프로필 작성의 팁을 알려주고 싶은 것을 꾹 참는다. 대신 이 책을 통해 몇 가지 적어보고자 한다.

우리는 세일즈를 할 때 종종 비즈니스 미팅에서 상대방의 첫인상에

끌린다. 비즈니스에서 첫인상이 중요한 것은 두 번은 오지 않는 순간이기 때문이다. 대개 첫인상은 3초 만에 결정되며 이에 대한 인식을 바꾸기 위해서는 몇 배, 몇십 배의 시간이 필요하다. 그런데 SNS에서의 프로필은 고객을 처음 마주하는 대문으로 고객에게 첫인상을 남긴다. 고객들은 프로필을 보고 브랜드에 대한 이미지를 머리와 마음에 새기게 되며 적어도 상품에 대한 관심 여부를 결정한다.

SNS에서 고객이 호감을 느끼는 프로필을 작성하는 방법은 무엇일까? 먼저, 기존의 이력서나 자기소개서와 같이 상세하게 작성하는 것은 피하라. 대신 그 내용을 함축적으로 담을 수 있는 임팩트 있는 단어를 사용하는 것이 좋다. '빨리빨리'를 좋아하는 SNS에서의 긴 문장은 고객의 눈을 피로하게 한다. 끝까지 읽는 데에 인내심이 있어야 하는 까닭이다. 예를 들어 이런 것이다.

'저희 ○○숍에서는 화학보존제를 일절 사용하지 않고 100% 유럽에서 수입한 천연 원료로 피부에 좋은 수제 비누를 만들고 있습니다. 여드름과 아토피성 피부염이 있는 분들도 안심하고 사용할 수 있는 제품입니다. 많은 관심 바랍니다.'

장황하게 설명하는 문장을 쓰기보다는 다음과 같이 키워드만 쓴다.

화학보존제 무첨가

100퍼센트 유럽 수입 고급 원료의 천연 비누

피부성향별 맞춤 제작

이렇게 간결하고 핵심을 짚어주는 단어를 사용하는 것이 고객의 시선을 잡을 수 있다.

또 한 가지, SNS 유저들에게 프로필은 무엇보다 자신이 하는 일과 판매하는 상품의 특성이 드러나야 한다. 이를 명확하게 표현하는 데에 해시태그만한 것이 없다. 물론 본래의 해시태그 기능은 '분류'와 여기에서 발전된 '검색'이지만 프로필 작성에 있어서는 그 유용성이 또 한 번 발휘된다. 해시태그에 대한 하이퍼링크가 생성되면서 텍스트 색을 파란색으로 바꿔주어 강조의 기능을 한다. 프로필에서 강조할 만한 단어 혹은 고객에게 어필하고 싶은 나만의 강점은 앞에 해시태그를 달아보자.

필자의 인스타그램 메인페이지

SNS 마케팅 강사 유선일

Only 1. 대체불가 SNS 마케팅 강사

소셜마케팅스쿨 대표

SNS 마케팅글쓰기 저자

SNS 마케팅을 위한 브랜딩부터 세일즈까지 A to Z 강의

썬과 함께하는 SNS 마케팅 산책

떠나고 싶으신 분은 클릭 ↓↓↓

위의 프로필과 아래를 비교해보라.

SNS 마케팅 강사 유선일

Only 1. #대체불가SNS 마케팅강사

#소셜마케팅스쿨 대표

#SNS 마케팅글쓰기 저자

SNS 마케팅을 위한 브랜딩부터 세일즈까지 A to Z 강의

썬과 함께하는 #SNS 마케팅 산책

떠나고 싶으신 분은 클릭 ↓↓↓

해시태그 하나 달았을 뿐인데 어떤 일을 하는 사람인지 한 눈에 확 들어오지 않는가. 프로필에서의 해시태그와 비슷한 개념으로 이모티콘도 적극적으로 활용하면 단조로움을 피할 수 있다. 아쉽게도 우리가

사용하는 대부분의 SNS에서는 프로필 텍스트에 색상을 입히는 것을 허락지 않는다. 대신에 이모티콘 혹은 특수기호의 사용을 허용하며 해시태그와 같이 강조하고 싶은 단어의 앞뒤에 붙여 사용할 수 있다. 해시태그가 활성화되지 않는 블로그에서도 특수기호를 사용하면 깔끔하게 보여 가독성을 높일 수 있다. 단, 지나친 사용으로 남발하는 것은 언제나 과유불급임을 명심해야 한다.

마지막으로 SNS에서의 프로필은 고객과 만나는 첫 시작점이기도 하지만 동시에 구매로 연결하는 결승선이 되어야 한다. 모든 상품과 서비스는 마케팅과 세일즈가 동시에 발생할 때 효과를 톡톡히 본다. 마케팅을 하는 채널이 다르고 세일즈를 하는 채널이 다르면 고객은 일부러 구매 채널을 찾아가야 하는 번거로움을 겪게 된다. 이런 수고로움을 감수하고 구매할 고객은 많지 않을 것이다.

실제로 이러한 문제를 해결하기 위해 SNS가 마케팅 채널로 부각되면서 많은 소셜미디어 플랫폼이 세일즈 기반 시스템을 도입하고 있다. 하지만 아직 시스템 도입이 안정적으로 자리 잡지 못해 여전히 미흡한 점을 야기한다. 이를 보완할 수 있는 가장 좋은 방법이 프로필에 구매 링크 혹은 구매로 연결할 상담 채널 링크를 삽입하는 것이다.

더구나 본문에 링크 삽입이 불가능한 SNS에서는 프로필에 자신의 웹사이트로 연결하는 통로를 마련하는 것이 필수다. 피드에서 마음에 드는 상품을 발견하였다 하너라도 이를 바로 주문할 수 없다면 우물쭈물 하다가 손님을 놓치는 불상사가 생기고 만다. 구매자를 배려하는 마케팅이 언제나 답인 것은 진리이다.

또한 SNS는 콘텐츠를 빠르게 생산, 소비할 수 있는 반면에 정보 전달에 어느 정도 한계를 갖고 있다. 이미지와 영상 콘텐츠를 주로 보여 주는 SNS에서 피드의 전체적인 느낌만으로 시선을 모았다면 이제 구매를 결정지을 홈페이지에서 충분한 정보를 제공해야 한다. 고객이 구매에 필요한 상세한 정보를 얻을 수 있도록 프로필에 홈페이지 링크를 달아주는 것으로서 소소한 친절을 베풀어보자.

CHAPTER 03

어떤 화려한 미사여구 보다
중요한 즉시 응답의 힘

글쓰기야말로 위대한 기술이다. - 자크바르

"고객님께서 지금 전화를 받을 수 없습니다. 잠시 후 다시 걸어주시기 바랍니다."

오랜만에 생각난 옛 동창에게 전화를 걸었다. 한껏 반가운 목소리로 받을 것을 기대했다가 수화기 너머로 들리는 메시지에 기운이 빠진다. 만약 채무 관계가 얽힌 불편한 사이라면 심리적 박탈감은 더 커진다. 신호음이 길어질 때마다 하나씩 불안감에 휩싸이기도 할 것이다. 내 돈을 떼어먹고 잠적한 것은 아닌지 혹여 내 전화를 피해 차단한 것은 아닌지 온갖 나쁜 상상이 꼬리에 꼬리를 문다. 전화에서만 상대방의 목소리가 그리운 걸까.

기본적으로 SNS는 사람들과 대화의 장, 소통의 장을 마련하기 위해 존재한다. 이를 마케팅의 도구로 활용할 때도 그 기본을 지켜 가면서 하는 것이 채널 운영을 돕는다. 누군가 내기 올린 게시 글에 공감을 누르고 관심 어린 댓글을 달아주었다면 나도 이웃의 계정에 방문하여 동일한 피드백을 보여주는 것이 인지상정이다. 만약 그것이 마케팅을 위한 것이라면 더욱 적극적으로 할 필요가 있다.

필자의 남편은 동물병원을 운영하면서 블로그에 내원하는 동물의 진료 일지와 보호자들이 궁금해 할만한 올바른 반려동물관리법 팁들을 꾸준히 기록해오고 있다. 지금이야 제법 블로그를 보고 찾아와주시는 손님이 늘면서 블로그의 재미에 푹 빠졌지만 처음에는 나의 성화에 못 이겨 하던 것이었다. 그때는 블로그를 한다는 것이 아마도 숙제처럼 느껴졌을 것이다.

한 번은 햄스터를 키우고 있는 보호자가 블로그에 질문을 적어 놓았다. 블로그 오른쪽 한구석 '안부'란에 적어놓은 글이었다. 사실 일반 카테고리란과는 별도로 생성되어 있던 것이라 그런 게시판이 있는지 조차 몰랐다. 그런데 보호자가 적어놓은 그 질문은 꽤 급한 모양새였다.

"원장님, 혹시 내일 일요일이지만 저희 햄스터 진료 봐주실 수 있나요?(T.T) 저희 햄스터가 지금 철장에 다리를 끼어서 피가 많이 나고 점점 기운도 잃어서요. 일요일 진료 가능하시면 010-○○○○-○○○○으로 꼭 연락해주시기 바랍니다."

일주일이 지나고 나서야 우연히 내가 블로그를 방문했을 때 이 글을 확인했다. 햄스터의 건강 상태가 염려되어 남편에게 물었다. 안타깝게도 아직 이 글을 읽지 못한 상태인 듯 보였다. 우리는 늦게라도 전화를 해볼까 고민했지만 안 좋은 소식을 듣게 될까 걱정되어 짧게 댓글을 달았다.

"늦게 확인해서 죄송합니다. 지금 햄스터는 괜찮아졌나요? 응급진료는 전화해 주시면 감사하겠습니다. (T.T)"

물론 응급 상황이라 전화로 상담했더라면 더 좋았을 것이다. 하지만 고객들과 좀 더 원활한 소통을 하기 위해 운영했던 블로그를 제 때에 살피지 못한 우리의 잘못이 컸다. 남편은 이날 이후로는 병원 운영시간 외에도 매일 퇴근 전, 취침 전, 수시로 블로그를 살피고 있다. 혹여라도 똑같은 응급상황에 치료를 받지 못하는 동물이 없도록.

위의 상황을 떠올려볼 때, SNS에서의 즉각적인 피드백은 거창하게 말하자면 고객감동을 실천하는 일이라 하겠다. 사소한 습관이지만 고객에게는 그 무엇보다 중요한 인상을 줄 수 있다는 뜻이다. 그게 어떤 질문이든 답변을 기다리는 사람으로서는 빠른 답변이 좋지 않은가. 혹은 질문이 아닌 간단한 인사말이라도 즉각적인 피드백이 온다면 고객은 당신의 상품과 브랜드를 한 번 더 긍정적으로 떠올리게 된다.

나 또한 온라인에서 쇼핑을 할 때 종종 상품 Q&A에 궁금한 점을 물어본다. 요즘에야 몇몇 쇼핑몰 사이트에서 답변이 완료되었다고 문자를 보내주지만 그렇지 않은 사이트에 질문을 남길 때면 답변이 올라와 있는지 수시로 들어가 본다. 사이트에 몇 날 며칠 드나들며 답변을 기다리다가 살까 말까 고민하던 물건은 인내심에 한계를 느끼고 구매를 포기한 적도 있다. 넓은 의미에서는 예비고객의 상품 Q&A에 답변을 달아주는 것도 하나의 마케팅이다. 필요한 정보를 제 때에 제공받는 것이 고객이 원하는 서비스인 까닭이다. 고객의 마음을 얻는 것도 타이밍이라는 것을 기억해두자.

SNS 마케팅이 활발해짐에 따라 팔로워를 늘리기 위한 자동프로그램 또한 계속적으로 개발되고 있다. 필자 또한 이 프로그램을 이용하고 있다. 이러한 프로그램의 사용 자체를 부정하는 것은 아니지만 프로그램에만 의존해 SNS 마케팅을 하려고 하면 큰코다친다. 대개의 프로그램들은 하루 일정량의 '좋아요'와 댓글 작업을 자동으로 하는 설정이 가능하다. 하지만 미리 작성해놓은 댓글을 임의의 타 계정에 반복적으로 달아줄 뿐, 상대방의 게시글이나 댓글에 대한 '답글'이 아니라는 치명적인 약점을 가지고 있다. 그래서 우리는 종종 동문서답 하는 댓글을 마주하곤 한다.

쇼핑몰을 운영하면서 SNS 마케팅을 처음 시작했을 때, 멋모르고 이런 자동 프로그램이 있다는 사실에 신세계를 만난 듯 했다. 이것만 있으면 내 계정의 팔로워가 무수히 많아지고 그만큼 마케팅도 수월해질 줄 알았다. 팔로우 작업을 일일이 수동으로 하지 않아도 프로그램을 사용하면 그중 절반은 맞팔로우 해줄 것이라는 기대였다. 물론 처음에는 무엇이든 오고 가는 것을 미덕으로 삼는 우리나라 사람들인지라 팔로워가 느는 듯했다. 그러나 소통 없는 SNS에 따르는 대가도 혹독히 치러야 했다. 제때의 반응이 없는 내 계정은 언팔의 표적이 되었다.

SNS 본래의 존재 이유를 생각하면 당연한 결과다. 소통을 중시하는 SNS에서 프로그램만 이용해서는 내가 받은 하트를 돌려주지 않는 까닭이다. 국어사전에서 찾은 '소통'의 뜻은 이렇다. 뜻이 서로 통하여 오해가 없음. '서로' 통해야 하는 SNS에서 일방적으로 내가 하고 싶은 이야기만 전달해서는 소통이 이루어졌다고 할 수 없다.

며칠 전 팔로잉의 피드에 방문했다가 웃고 넘어가기에는 조금 씁쓸한 댓글이 달린 것을 보았다. 팔로잉이 게시한 그 사진은 뜻밖의 사고로 병원에 입원해서 수술 후 병상에 누워있는 모습이었다. 이런 사진에 자동 프로그램을 사용한 듯한 댓글이 눈에 띄었다. '안녕하세요. 사진이 너무 아름답네요. 뷰티매니저로 같이 일하고 싶어요. 제 피드에 놀러와주세요.' 네트워크 마케팅을 홍보하는 댓글이었다. 적어도 실제 사진을 봤더라면 병상에 있는 환자에게 아름답다고 말하는 실수는 하지 않았을 텐데…. 자동프로그램 사용 시에 한 번 더 주의해야 하는 이유이다. 잘못 했다가는 오히려 마케팅의 역효과를 가져올 수 있다.

SNS에서 소통이 가져다주는 힘은 직설적인 광고문구보다 몇 배는 더 효과적이다. 인스타그램을 운영하고 있는 나는 스스로 그 힘에 이끌려 주문하기 버튼을 눌렀던 경험이 있다. 딸아이와 손잡고 합정동의 교보문고에 방문했을 때의 찍은 사진에 남겨진 댓글 때문이었다. 그 댓글은 내가 좋아하는 작가의 코너가 별도로 마련되어 있어 반가운 마음에 사진을 찍었을 뿐, 실제 이기주 작가님이 내 계정에 방문해 주실 것이라는 기대에서 찍은 사진이 아니었기에 더욱 반가웠다.

사실 이 책을 쓰는 일에 매달려 책 읽을 시간이 부족하다는 핑계로 이기주 작가님의 신작《한때 소중했던 것들》을 읽지 않고 있었던 나는 그 날 바로 구매했다. 물론 이기주 작가님께서 마케팅을 위해 방문한 것이 절대 아님에도 불구하고.

해시태그 '#이기주작가'를 작성한 게시물에 달린 이기주 작가님의 댓글

진실된 소통은 잠재고객의 마음을 움직이는 힘이 있다. SNS의 채널 성격을 근본적으로 이해하지 못하고 오프라인에서와 동일하게 일방적인 광고를 하는 실수를 범해서는 안 된다. 우리가 길거리에서 전단을 받을 때의 기분을 떠올려보자. 전단을 받고 여기에 꼭 가봐야겠다는 생각이 들었던 적이 있는가. 솔직히 말하자면 필자의 경우, 아르바이트를 하시는 분의 고생을 덜어주기 위해 받아서 보지 않고 휴지통으로 바로 버리는 경우가 많았다. SNS에서도 마찬가지다. 소통 없는 SNS 마케팅은 길거리에 버려지는 전단과 다를 바 없음을 기억하자. 그리고 지금 당장, 마케팅을 앞세운 10개의 댓글보다 진심 어린 관심과 가벼운 인사를 건네는 1개의 댓글을 달아보자. 당신의 고객 확보를 더욱 높여줄 것이다.

CHAPTER 04

글쓰기에도 여백의 미를 살리면 품격이 높아진다

행동 계획에는 위험과 대가가 따른다. 하지만 이는 나태하게 아무 행동도
취하지 않는데 따르는 장기간의 위험과 대가에 비하면 훨씬 작다.
- 존 F. 케네디

언덕 위에 줄지어 선 나무들이 아름다운 건

나무 뒤에서 말없이

나무들을 받아 안고 있는 여백 때문이다

(이하 생략)

'접시꽃 당신'으로 널리 알려져 있는 시인 도종환 씨의 〈여백〉이다.
아마도 여백의 미에 대해서는 어렸을 적 미술 시간 동양화를 그리며 한
번씩 그 설명을 들어봤을 것이다. '공백'이나 '여백'이나 글씨를 쓰거나
그림을 그리고 남은 빈 자리를 뜻하는 단어임은 동일하나 그 느낌은 다
소 다르다. '공백의 미'라는 말이 어울리지 않듯 '공백'이 공허함을 가져
오는 반면, '여백'만큼 그 빈 공간을 여실히 아름답게 채우는 말도 없는
듯하다. 그리고 그 여백의 미는 SNS 글쓰기에서도 빛을 발한다.

초등학교 시절, 글짓기 수업을 통해 배웠던 내용을 떠올려보자. 대개

하나의 글은 서론, 본론, 결론으로 나뉘어지며 각각의 내용은 몇 개의 문단으로 이루어진다. 문단이란 하나의 중심 생각을 이루는 몇 개의 문장으로 이루어진 한 덩어리를 뜻한다. 각각의 문단 사이는 줄을 바꿔서 쓰며 하나의 문단은 문장 간에 줄을 바꾸지 않는다. 지금 읽고 있는 이 책의 형식과 같다고 보면 된다.

이를 SNS 글쓰기에도 똑같이 적용하는 것은 어떨까. 가끔 SNS에서 팔로잉의 글을 보다 보면 맛깔나는 문체를 가지고도 띄어쓰기 하나 없이 쓴 글을 볼 때가 있다. 이럴 때면 '좋아요'의 횟수가 글의 수준에 비해 기대에 못 미치는 것이 너무나 아쉽다. 조금만 수정하면 많은 사람들이 읽고 하트를 눌러줄 텐데 그렇지 못한 데에는 분명 이유가 있다.

SNS를 가장 많이 이용하는 2030 세대들의 콘텐츠 소비 성향을 눈여겨 볼 필요가 있다. 그들은 SNS에서 글보다는 동영상을 선호하며 종이책처럼 빼곡히 적힌 분량의 글은 스킵할 뿐이다. 아마 이러한 성향은 젊은 세대뿐만 아니라 SNS를 이용하는 사용자들은 대부분 비슷한 양상을 보일 것이다. 나부터도 긴 문장의 글은 SNS에서 읽을 시도조차 안 하는 경우가 많기 때문이다. 거기에 띄어쓰기까지 무시된 글이라면 숨이 턱 막힌다. 시시때때로 보는 SNS에서 사람들은 더욱 빨리, 쉽게 콘텐츠를 확인하고 싶어 한다.

이러한 사용자들의 시선을 머무르게 하려면 일단 가독성을 확보해야 한다. 가독성을 높인 글이어야 읽어보고 싶은 마음이 생긴다. 가독성을 살리는 SNS 글쓰기를 위해서 기존에 우리가 배웠던 원고지 쓰는

법은 잠시 잊어버리자. SNS에서의 글은 한 문장의 끝에 이어서 쓰기보다는 줄을 변경하여 다른 한 문장을 시작하는 것이 좋다. 또한 한 문장이라도 원고지와 같이 줄을 바꾸지 않고 쓸 필요는 없다. 애초에 한 번의 호흡으로 읽을 수 없는 문장이라면 그 뜻을 생각하여 숨을 쉬어주는 포인트에서 줄을 바꿔 쓴다. 빼곡히 적힌 느낌은 가능한 피하고 읽는 사람이 부담감이 가지 않도록 한눈에 들어오게 하는 것이 좋다. SNS에서 문단의 개념은 오히려 가독성을 방해할 뿐이다.

좀 더 확실히 말하자면 SNS에서 문단은 필요치 않다. 오히려 하나의 중심 생각을 문단이라는 형식 아래 여러 문장으로 풀어서 설명하기보다는 간결하지만 강하게 한 줄로 표현하는 것이 좋다. 일단 문단이 존재한다는 것은 하나의 문단이 아니라 여러 문단으로 글이 구성되어 있음을 의미하는데 SNS에서의 긴 글은 선호하지 않는다. 중심 생각을 하나의 문장으로 강렬하게 표현하여 전달하는 것이 더욱 효과적이다.

우리는 때때로 SNS에서 쇼핑을 한다. 별다른 홍보 없이 SNS만으로 대박을 내고 있는 의류쇼핑몰의 게시물을 살펴보자. SNS에 올린 홍보 게시물에서 우리는 의류의 소재에 대한 자세한 정보나 신축성 정도, 심지어 가격조차도 확인할 수 없다. 그보다는 '시선을 사로잡는 하객룩' 혹은 '남자친구에게 사랑받는 예쁜 원피스'와 같은 수식어가 눈에 띈다. 마침 이번 주말, 친구 결혼식에 뭘 입고 갈까 고민 중이었다면 이런 수식어를 보는 순간 우리의 시선은 멈추고 만다. SNS에서의 마케팅 글쓰기는 이렇게 모든 정보를 주기 보다는 고객을 유혹하는 몇 마디면 충분하다. 내용의 여백 또한 중요한 이유다. 고객이 스스로 그 궁금증에 못 이겨 쇼핑몰사이트로 찾아온다면 SNS에서의 마케팅 글쓰기는 미션 완료라 할 수 있다.

최근 '시詩의 부활' 시대가 도래했다는 표현을 들었다. UN의 2015년 한국인의 독서량을 조사한 결과에 따르면, 192개국 중 166위로 하위권에 머물렀다. 심지어 해마다 한국인의 평균 독서량이 약 1권씩 줄어들고 있는 실정이다. 그마저도 문학적인 작품이 아니라 실질적으로 자신에게 도움이 될 만한 자기계발서를 찾는 사람들이 늘어나면서 '시'는 잊혀지는 예술에 가까웠다. 그래서 시의 르네상스 시대가 도래했음이 더욱 의미 있다. 무엇보다 우리는 SNS가 이에 큰 영향을 끼쳤음에 주목해야 한다.

SNS에서 시가 주목받은 것은 짧은 글로 많은 사람의 감성을 자극하고 공감을 얻을 수 있기 때문이다. 즉, 빠르게 콘텐츠를 소비하고 공유하는 SNS의 특성에 최적화된 글이 시라는 것이다. 시에는 여백의 미가 있다. 흰 도화지에 적은 시는 운율에 맞춘 행과 연이 존재하여 빈 바탕의 외형적인 여백의 미를 형성한다. 또한 함축적인 시어를 선택함으로써 읽는 이에게 여운을 남기는 내면의 여백의 미를 갖고 있다.

SNS에 글쓰기를 할 때도 시와 같은 여백의 미를 살릴 수 있는 기술을 생각해야 한다. 읽는 사람들의 눈을 편안하게 하고 산문과 같이 긴 호흡으로 쓴 글이 아니라야 빠르게 소비된다. 글에 '소비'라는 표현을 빌려 쓴 것은 때때로 의무감으로 읽지도 않고 교환하는 '좋아요'가 아니라 팔로워나 예비고객이 한 줄 한 줄 처음부터 끝까지 다 읽어서 더 이상 읽을 글자가 없는 상태를 말하기 위함이다. 마케팅을 위해 운영하는 SNS라면 이러한 글을 생산해야 고객을 마주할 수 있다.

물론 여백의 미를 살린 글이 고객을 끌어올 수 있다고 하지만 미술에서 그러한 것처럼 공간을 여백의 미로 승화시키는 일은 쉽지 않다. 더구나 형식적인 틀에 짜 맞춰 비어 두는 것이 아니라 내용에서도 여백을 전하기란 여간 어려운 것이 아니다. 숱하게 연습을 해도 이 과정이 어려운 이 책의 독자들에게 이렇게 말하고 싶다. 먼저 자신의 마음에서 여백의 미를 되찾으라고. 내가 이 물건을 팔아야겠다고 마음먹은 이상 글에 힘이 들어갈 수밖에 없다. 글에는 마음을 비치는 신기한 특성이 있어서 욕심을 갖고 쓴 글에서는 여백의 미가 보이지 않는다. 글의 외형에서나 내용에서의 여백은 고객의 구매 욕구로 채워보자.

CHAPTER 05

SNS에서도 반드시 통하는 유머의 마력

웃는 자가 승자일지니! -메리 페티본 풀

많은 젊은 여성들이 이상형의 조건으로 꼽는 유머. 사회생활에서도 유머감각이 있는 사람과는 함께 있는 것이 즐겁다. 실제 한 조사에 따르면 취업면접에서도 유머 있는 구직자는 호감이 간다는 인사담당자들도 상당수에 달했다고 한다. 유머 테크닉을 다루는 서적들도 많이 생겨 날만큼 유머는 현대인들이 갖추어야 할 덕목처럼 중요한 요소임에 분명하다.

유머가 이상형과 리더십의 필요조건이 된 이유는 무엇일까. 이성을 만날 때 유머감각이 있는 사람이면 지친 하루에도 그 사람과 함께할 때만큼은 웃을 수 있을 것 같다. 또한 재치 있는 지도자라면 팽팽한 긴장의 상황 가운데서도 상대와의 경계를 허물고 여유롭게 대화를 이끌어갈 수 있을 것이다. 이렇게 유머의 긍정적 기능을 떠올려보니 최근 예쁘고 잘 생긴 연예인보다 코미디언을 모델로 하는 광고가 많아진 데에 대해서도 수긍이 간다. 광고에도 유머 코드를 입혀 소비자들에게 상품 자체를 드러내기보다는 긍정적인 브랜드의 이미지를 먼저 형성하는 것이다.

SNS에서 마케팅을 할 때도 마찬가지다. 여가를 보낼 때 시시때때로 휴대폰에서 손을 놓지 않는 우리는 SNS에서 광고를 보고 싶은 것이 아니다. 그보다는 머리를 식힐 수 있는 재밌는 읽을거리를 찾는다. 누구라도 자신의 귀한 시간을 광고를 보는 데에 소비하고 싶지는 않기 때문이다.

그렇다면 광고 같지 않으면서 제품을 가장 효과적으로 소개할 수 있는 방법은 바로 유머 코드를 이용하는 것이다. 유머가 있는 글은 SNS상에서 빠르게 공유되고 사람들을 불러 모은다. TV 광고에서의 유머 요소는 보는 사람들에게 한 번의 웃음을 선사하고 사라지기도 하지만 SNS상에서의 유머 마케팅은 그 효과를 두 배, 세 배로 볼 수도 있다.

최근 필자가 인스타그램에서 재미있게 본 광고가 있어 소개한다. 코미디언 유병재 씨의 인스타그램에는 그의 얼굴이 그려져 있는 쌀 낟알 여러 개가 찍힌 사진이 올라왔다. 쌀 한 톨 한 톨에 그려진 유병재 씨의 웃는 얼굴은 밥알이 살아있는 듯 맛있다는 뜻을 전하기 위함이었을 것이다. 그런데도 사실 그 사진만 보았을 때, '아, 이게 뭐야!' 하는 생각이 들기도 했다. 그러나 이내 그 생각은 사라지고 유병재 씨의 본문 글에 '햇반 광고 찍었어여!! 맞아여!!! CJ가 올리라고 해서 올리는 거예여!!! #햇밥'이라고 적혀 있어 웃음을 자아냈다. 그리고 다음 게시물을 본 후 더 큰 웃음으로 이어졌다. 그 사진은 광고팀 관계자와 주고받은 메시

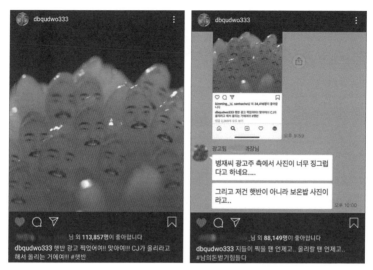

코미디언 유병재의 인스타그램 게시물 중 일부

지를 캡처한 것으로 관계자는 '병재 씨 광고주 측에서 사진이 너무 징그럽다고 하네요. 그리고 저건 햇반이 아니라 보온밥 사진이라고…'라고 쓴 메시지가 적혀있었다.

이 메시지를 캡처해 올리면서 유병재 씨는 이렇게 적었다. '지들이 찍을 땐 언제고 올리랄 땐 언제고 #남의돈벌기힘들다' 아직도 내가 읽은 이 글이 실제 어디까지가 광고를 위한 글인지 모르겠지만 '햇반'이라는 제품이 내 머릿속에 깊이 박혔음을 부정할 수 없다.

만약 '햇반 제품 광고 촬영했어요. 많이 이용해주세요.'라고 적었다면 필자뿐만 아니라 많은 팔로워들이 그냥 보고 지나칠 수도 있었을 것이다. 하지만 이 게시물의 '좋아요' 수는 11만 개 이상을 기록했다. 유병재 씨의 평소 게시물의 '좋아요' 수가 5만~7만 정도를 웃도는 것에 비해 유난히 많은 기록이다. 제품을 위한 광고 문구 하나 없이 유머러스하면서도 누구나 공감할 수 있는 속마음을 표현하여 더 효과적으로 다가온 것이다.

이처럼 유머 있는 마케팅 글쓰기를 어렵게 느낄 필요 없다. 마케터에게 개그맨의 자질을 요구하는 것은 아니다. 그보다는 생활 속에서 소소한 일상을 한 번 더 들여다보는 관심이 유용하다고 할 수 있다. 우리가 웃을 수 있는 포인트는 언제나 한 번쯤 겪어봄 직한 일이나 대화에서 나오기 때문이다.

유머의 소재를 찾는 것을 거창한 데에서부터 이루려고 하면 오히려 인위적인 유머가 어색함을 자아내고 만다. 웃음을 주기 위한 드라마나 영화의 과도한 설정이 때때로 혹평받는 것을 생각해보면 마케팅에서의 결과도 짐작해 볼 수 있다. 즉, 기상천외한 소재보다 대중적인 유머가 잠재고객들에게 거부감 없이 다가가 브랜드의 친숙한 이미지를 형성하는 데에 도움을 준다.

2000년대 초반, 당시 앞니로 무를 가는 퍼포먼스로 인기 상한가를 누렸던 개그맨 박준형. 그는 자신의 인스타그램 프로필에 그의 계정을 '갈툰'이라 소개한다. 대단한 재밋거리를 피드에 올리는 것이 아니라 단지 지인들과 나눈 카카오톡 메시지를 게시하여 소소한 웃음을 준다. 다른 사람의 대화를 살짝 훔쳐보는 재미는 물론이고 가까운 사람과 나누는 일상의 대화라서 공감이 스며든 웃음이 절로 나온다.

그의 인스타그램이 개그맨인 그의 직업 특성상 다분히 국민들에게 재미와 흥미를 주기 위해 운영되고 있다고 생각할지도 모르겠다. 하지만 그의 위트있는 카톡 글을 읽으면서 공연 티켓을 구매하게 됐다면 어떤가. 물론 박준형 씨는 단순히 공연 홍보나 티켓 판매를 위해 계속적으로 피드를 올렸다기보다는 SNS상에서 팬들과 더 가까이 소통하기 위해서일 것이다. 그런데도 '갈툰'을 통해 더 많은 팬을 형성하고 팔지 않았는데도 팔리는 기술을 보여준 것은 분명하다.

이렇게 최근, SNS를 하다보면 '#카톡대화'를 주요 소재로 다룬 게시물을 종종 접한다. 물론 이러한 모든 콘텐츠가 마케팅을 위한 것은 아니며 그러므로 더더욱 우리 일상에 파고들 수 있는 마케팅 콘텐츠가 되는 것이다. 유머는 누군가에게는 재미를 주는 반면 다른 누군가에게는 별다른 감흥을 주지 못할 때도 있기 마련이다. 이렇게 유머의 상대적인 특성을 고려하면 그 소재를 대중적인 것에서 기인하여 전 국민 메신저인 카카오톡을 활용했다는 것만으로 의미가 있다.

다만, 유머 코드를 활용할 때 주의할 점이 있다. 최근에는 SNS로 수익을 올리려는 사람들이 늘면서 때때로 자극적인 소재를 이용하여 웃음을 주려는 것 자체에 대한 비판의 목소리도 높다. SNS가 많은 사람들에게 미치게 되는 도덕적 영향력을 차치하더라도 마케팅 면에서도 그 효과를 되짚어보는 것이 좋다. 하하. 호호. 신 나게 웃었지만 그 웃음 자체만 남기고 알리고자 하는 메시지나 제품, 브랜드에 대한 인상을 심어주지 못하는 안 좋은 예도 종종 존재했기 때문이다. 유머 있는 SNS

마케팅 글쓰기에서 '과유불급'을 기억하자.

웃음의 코드는 저마다 다르지만 웃는 것만큼 좋은 것도 없고 싫어하는 사람도 없다. 더구나 광고라면 바로 스크롤을 내리거나 스킵Skip에 손이 가는 요즘의 소비자들은 더욱 유머에 목말라 있다. SNS 마케팅에서도 유머가 주목받는 이유라 할 수 있다. 실제 SNS 마케팅에서의 팔로워가 중요한 요소임을 고려하여 유머가 담긴 게시글로만 업로드하는 경우도 있다. 이렇게 팔로워를 확보하여 계정을 키운 후에 마케팅 채널로 활용하는 것이다.

유머글 자체만을 이용하여 SNS에서 팔로워를 확보하는 것도 효과적일 수 있으나 필자는 SNS 마케팅을 한다면 유머에도 브랜드를 담아낼 것을 강조한다. 요즘의 코미디 TV 프로그램은 과거 20~30%에 육박하던 시청률이 무색하게 고전을 면치 못하고 사라져 가고 있다. 우스꽝스러운 분장 혹은 재미를 위한 상황 설정 등이 시청자들의 눈을 사로잡지만 마음을 사로잡지는 못한 까닭이다. 그보다는 재치 있는 개그맨들이 우리네 일상 스토리를 재밌게 풀어나가는 예능 프로그램이 더 인기가 높다. 여기에서 우리는 SNS 마케팅을 위한 글쓰기에 유머를 녹여내는 접근법을 생각해볼 수 있다. 효과적인 유머 마케팅은 시선을 사로잡는 소재가 아니라 누구나 공감하며 웃고 마음이 끌리는 브랜드의 스토리에 있다는 것을 기억하자.

CHAPTER 06

마케팅 효과를 극대화하는 이미지 효과

생각은 나중에 떠오르는 법. 처음에는 가슴으로 써라.
다음에는 머리로 고쳐 써라. 글을 쓰는 첫 번째 열쇠는
생각하는 것이 아니라 쓰는 것이다 - 영화 〈파인딩 포레스터〉 중에서

아래는 1992년, 아프리카 소말리아 내전의 실태를 취재하던 신문기자 잭 켈리의 사진이다. 영양실조에 걸린 한 소년이 자신도 며칠 동안 끼니를 걸렀으면서 어린 동생을 위해 사과를 씹어서 입에 넣어주어 삼킬 수 있도록 도와주는 이 사진은 많은 사람들의 가슴에 눈물을 적시며 감

동을 주었다. 때로는 이렇게 말 한마디보다 사진 한 컷이 더 많은 감동을 주고 함축적인 의미를 잘 표현한다.

SNS의 역사가 오래되지는 않았지만 그 짧은 역사 안에서 트렌드가 빠르게 변화해왔다. 그리고 그 트렌드를 변화시키는 데에 주요 원동력으로 작용한 것은 글⇨사진⇨ 동영상 중심으로 변모하는 인기 플랫폼의 이동이 존재했다.

이 책은 SNS 마케팅을 할 때 필요한 글쓰기의 비법을 나누는 데에 목적이 있지만 그렇다고 이미지 혹은 요즘 대세인 동영상으로 제작된 콘텐츠보다 글쓰기가 중요하다고 주장할 생각은 추호도 없다. 이미 일상생활에서 이미지와 동영상 콘텐츠를 중심으로 공유하는 것이 익숙해졌고 이슈가 되고 전파력이 빠른 콘텐츠도 주로 이미지 또는 동영상이었다. 다만, SNS 마케팅에서 글쓰기란 이미지 및 동영상과 상호보완적인 관계로 그 시너지를 창출하여 성과를 배가시키는 힘을 지녔다. 마찬가지로 같은 의미에서 이미지 혹은 동영상을 적절히 함께 사용함으로써 더욱 돋보이는 SNS 마케팅 글쓰기가 가능하다. SNS 마케팅 글쓰기 효과를 두 배로 올려주는 이미지 활용법에 대해 알아보자.

대한민국 국민 90% 이상이 이용한다는 카카오톡. 카카오톡이 국내 모바일 메신저 시장에서는 독보적인 시장점유율을 차지하며 여기에서 파생된 다양한 플랫폼과 산업이 함께 성장했다. 그 가운데서도 이모티콘숍 시장을 빼놓을 수 없다. 카카오프렌즈 이모티콘은 물론이고 연예인 이모티콘, 각종 기업의 캐릭터 이모티콘 등 다양하게 출시되고 있는 이모티콘을 우리는 매일 지인 혹은 그룹과의 카카오톡 대화방에서 활발하게 사용하고 있다. 유머러스하거나 예쁘거나 혹은 귀엽거나. 이모티콘은 때론 자신을 표현하는 미니미 역할까지도 한다. 새로운 이모티콘이 출시되었을 때 화제가 되고 이를 구입하는 데에 돈을 지불하는 것은 이모티콘이 자신의 감정을 전달하는 데에 그만큼의 효용가치가 있다고 판단하기 때문이다. 키보드를 눌러 문장을 작성해야하는 불편함 대신 특정 포즈, 표정 등으로 말하는 이모티콘 하나면 의사소통이 충분하다. 오히려 말로 전하기 부끄러운 표현도 이모티콘 하나로 감정을 잘 전달할 수 있다.

SNS에서도 적절한 이모티콘 사용은 글의 단조로움을 피하고 전달력을 풍부하게 돕는다.

"주문 폭주에 감사드립니다."

다소 건조한 문장에 카카오프렌즈 프로도가 두 손을 모으고 하트를 날리는 듯한 이모티콘 하나만 더해도 판매자의 마음이 더 크게 와 닿고 글에 생기가 느껴진다. 이 밖에도 다양한 이모티콘 중에 브랜드의 콘셉트에 맞게 골라서 그 느낌을 달리 전하는 것도 가능하다.

이모티콘과 함께 모든 SNS는 사진과 동영상을 글과 함께 업로드하는 것을 허용한다. SNS에 따라 사진의 개수, 동영상 분량에 대한 제한이 각각 다르지만 모두 하나의 게시물에 동시 업로드하는 구조다. 누구나 아는 너무 당연한 이야기지만 다시 한 번 언급하는 것은 이것이

주는 효과를 간과하지 않기를 바라는 이유에서다. 글의 내용에 맞게 이미지가 배열되어 있어야 독자가 글의 호흡을 잘 따라갈 수 있고 반대로 이미지나 동영상이 글의 흐름을 방해하면 내용 전달이 제대로 이루어지지 않는다. 이것이 마케팅을 위한 글이라면 구매 욕구를 자극하지 못 한다.

휴대폰으로 네이버에서 '합정 맛집'을 검색해보자. VIEW 영역에는 다양한 합정 맛집에 대한 블로그, 포스트, 카페글을 볼 수 있다. 어떤 것을 먹을까 고민하는 고객이 눈여겨 보게 되는 것은 제목일까? 사진일까? 블로그 게시글의 제목 몇 개를 골라서 살펴보자.

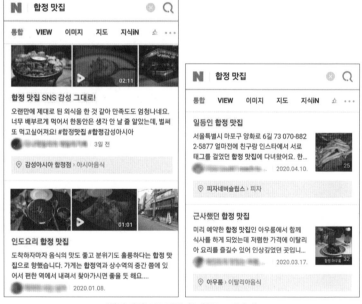

'합정 맛집'으로 검색되는 블로그 제시 예

'합정 맛집 SNS 감성 그대로!'

'인도요리 합정 맛집'

'일등인 합정 맛집'

'근사했던 합정 맛집'

위 네 개의 제목 가운데 한식, 중식, 일식, 양식 등 어떤 음식점인지 알 수 있는 것은 두 번째 제목 하나뿐이다. 최근에는 포스팅에서 위치 등록 시 해당 사업장의 카테고리를 보여주어 짐작할 수 있게 하기도 하지만 위치 등록이 안 되어 있는 경우 두 번째 제목의 포스팅처럼 해당 사업장이 아닌 해당 주소지로 등록된 예도 있어 이것만 믿을 수도 없겠다. 오늘은 치즈가 길게 늘어지는 피자가 먹고 싶은데 그렇다면 어떤 포스팅을 제일 먼저 클릭할까? 자연스럽게 눈이 사진에 먼저 간다. 넷 중에서만 골라야 하는 상황을 가정하면 각각 바비큐, 인도카레, 피자, 리소토 사진을 썸네일로 보여주고 있어 세 번째 피자집에 대한 정보를 얻고자 클릭할 것이다. 블로그 썸네일은 게시글에 첨부된 사진 중에 검색 시 글의 제목, 본문 일부와 함께 보이는 대표 사진을 뜻한다. 이 대표 사진은 기본적으로 글을 작성할 때 가장 첫 번째 사진으로 설정되어 있지만 글 전체의 내용을 대표하는 사진으로 클릭, 수정하는 것이 바람직하다. 블로그 썸네일은 고객들이 글을 클릭해서 보는 기회를 제공하기 때문이다. 인스타그램의 첫 번째 사진도 같은 이유에서 중요하다고 할 수 있다.

네이버는 계속적으로 진화하는 이미지 편집 툴을 제공하여 배열도 손쉽고 자유롭게 도와준다. 밝기, 명도, 채도 조절은 물론이고 테두리 설정, 회전 등의 다양한 효과를 적용한다. 그리고 한 단락의 내용에 관련된 사진이 여러 장이라면 드래그만으로도 사진 크기를 자동으로 줄여주면서 한 줄에 여러 장의 이미지를 배치한다. 이렇게 이미지 편집 툴로 사진작가가 될 수는 없지만 깔끔한 구성으로 가독성을 높일 수는 있다.

우리는 SNS를 이용할 때 시각적 효과를 무시할 수 없다. 그래서 SNS에서 글쓰기를 할 때에도 이미지를 배제할 수 없다. 흰 종이 바탕에 네임펜으로 적은 플랜카드보다 형형색색 야광으로 빛나는 LED 플랜카드의 글씨가 눈에 잘 띄는 것처럼, 이미지의 시각적 효과를 적절히 활용하는 것만으로도 SNS 마케팅 글쓰기에서 후광효과를 기대할 수 있다. 글쓰기의 콘셉트와 어울리는 이미지를 활용하고 내용전달을 분명하게 돕는 이미지를 선택, 배치함으로써 상생의 관계가 될 수 있어야 한다. SNS 마케팅 글쓰기를 잘하고 싶다면 이미지 선택에도 신중을 기하자.

CHAPTER 07

카드뉴스 어떻게 만들어서
얼마나 활용하면 좋을까?

분명하게 글을 쓰는 사람에게는 독자가 모이지만,
모호하게 글을 쓰는 사람에게는 비평가만 몰려들 뿐이다. - 알베르 카뮈

초등학생들의 장래희망 1위 유튜버, 직장인 투잡의 꿈 유튜버.

텍스트보다는 이미지를, 이미지보다는 동영상 콘텐츠를 선호하는 Z
세대들이 하나의 강력한 소비층으로 살아가고 있는 현재는 '유튜브의
시대'라 할 수 있다. TV보다 유튜브를 더 많이 보는 사람들이 늘어날 정
도로 SNS에서도 동영상 콘텐츠의 인기가 단연 압도적인 게 사실이다.

이러한 동영상의 인기와 맞물려 매출 증가를 위해 마케팅해야 하는
사장님들은 종종 텍스트와 이미지로 표현되는 카드뉴스 마케팅에 대
한 실효성 문제를 제기한다. 모든 업종에 카드뉴스 마케팅이 가장 효
과적이라고 말할 수는 없지만 동영상과 구분되는 그만의 효과를 얻을
수 있는 것은 분명하다.

동영상 콘텐츠가 주는 장점으로 생동감, 몰입도, 다양한 연출 등을
들지만 오랜 시간 봐야 하는 부담감이 있다. 하지만 카드뉴스는 짧은

시간 안에 많은 정보를 전달할 수 있다는 점에서 가장 효율적인 콘텐츠라 할 수 있다. 또한 포토샵을 배우지 않고도 카드뉴스를 제작할 수 있도록 다양한 툴을 제공하는 사이트나 애플리케이션이 존재하여 콘텐츠 제작이 용이한 편이다.

물론 마케팅에서의 성공은 콘텐츠의 수준 높은 제작 기술과 그 안에 담긴 본질이 모두 충실했을 때 가능하다. 카드뉴스의 제작 툴에 대한 내용은 이미 많은 사이트와 애플리케이션을 통해 쉽게 이용할 수 있으니 그릇을 채우는 내용물에 해당하는 글쓰기에 대해 알아보자.

먼저 카드뉴스 마케팅을 하려고 마음먹었다면 가장 먼저 고려해야 할 부분은 바로 주제의 선택이다. 카드뉴스의 주제를 정하는 것은 마케팅의 방향 설계와 같아 전략 수립에 있어서 중요한 단계라고 할 수 있다. 하지만 무작정 카드뉴스의 주제를 정하려고 하면 무엇을 내용으로 담아내야 할지 막막할 것이다. 이럴 때는 내가 판매하고자 하는 상품 혹은 서비스를 필요로 하는 대상이 어느 그룹인지 탐색한다. 즉, 핵심공략 해야 하는 타깃을 설정하는 일이다.

베이커리를 예로 들어보자. 다양한 종류의 빵을 판매하고 있지만 홍국쌀로 만든 빵을 홍보하는 카드뉴스를 만들고자 한다. 타깃은 누가 되어야 할까? 전국 각지를 돌아다니며 빵집투어를 하는 빵지순례자가 아니다. 빵을 좋아하는 다수의 사람이 아니라 보다 세분화하여 확실한 타깃을 공략하는 것이 좋다.

홍국쌀은 나쁜 콜레스테롤을 감소시키는 효능을 지니고 있어 콜레스테롤에 대한 염려로 빵을 먹지 못하는 이들에게 안성맞춤이다. 여기에 주목하여 높은 콜레스테롤 수치로 걱정인 사람들을 타깃으로 제목을 작성하는 것이 좋다. '콜레스테롤 걱정에도 빵을 포기할 수 없는 당신을 위한' 제목은 다양한 빵을 소개하는 수많은 카드뉴스의 제목보다 궁금증을 유발하고 클릭하고 싶어진다. 전국의 빵집 리스트보다 서울 빵집 리스트가, 서울 빵집 리스트보다 홍대 케이크 맛집 리스트가 조회수 대비 실제 방문으로 이어질 확률이 높은 것과 같은 맥락에서 이해하면 된다.

카드뉴스의 첫 번째 장인 제목을 정했다면, 다음 장에는 앞서 제목이 불러일으킨 호기심을 충족시킬 수 있는 내용을 담아낸다. 스토리텔링 형식의 카드뉴스는 고객의 마음을 사로잡을 수 있는 스토리를 브랜드 혹은 제품의 가치와 연결하여 임팩트 있게 들려준다. 나열형의 카드뉴스라면 이를 클릭한 사람에게 알려주고 싶은 정보를 눈의 피로감이 적게 한 눈에 들어오도록 적는 것이 좋다. 결국 어떠한 형태의 카드뉴스건 간결하면서도 고객의 뇌리에 박히도록 구성해야 한다.

최근 TV프로그램을 볼 때면 자막에 자주 등장하는 표현이 있다. 바로 T.M.I(Too Much Information)다. 이 표현은 대개 출연진 중 한 사람이 핵심 없는 이야기를 구구절절 늘어놓아 다소 따분해졌을 때 이를 지적하기 위해 사용한다. T.M.I가 가져오는 손실은 지루함뿐만이 아니다. 전하고자 하는 핵심 내용이 갈 길을 잃어 읽는 이에게 내용 이해도를 떨어뜨린다. 즉, T.M.I는 짧은 글이 많이 소비되는 SNS에서 분량 면에서나 내용 전달 면에서나 모두 비효율적이다.

SNS상의 뉴스 포맷, 카드뉴스는 초기 페이스북을 통해 가장 활발해졌는데 그만큼 지금까지 카드뉴스 발행만으로 상당수의 팔로워를 확보하고 있는 인기 페이스북 페이지가 존재한다. '내 맘대로 정하는 순위'가 대표적인 예인데 여기에서 발행하는 카드뉴스에는 특징이 있다. 각종 정보를 '베스트Best7'이라는 제목으로 제공한다. 주제에 대한 순위를 정하거나 몇 가지의 베스트를 꼽은 정보는 독자들에게 알짜배기 정

페이스북 페이지 '내맘대로 정하는 순위' 게시물 중 일부

보만을 제공하는 인식을 준다. 실제로 요약, 정리가 잘 되어 있을 뿐만 아니라 만족하고 신뢰할 만한 정보를 계속 제공받은 독자층은 마니아가 된다. 기나긴 시간 읽은 많은 정보보다 가려운 곳을 긁어주는 단 몇 줄의 정보가 효과적인 셈이다.

단 몇 줄의 정보라고 할지라도 SNS에서 카드뉴스 포맷을 이용한 콘텐츠는 다른 포맷을 이용한 콘텐츠보다 정보성이 가장 우수하다. 글로만 전하는 정보보다 이미지로 효과적으로 전달할 수 있고, 장을 넘겨볼 수 있어 많은 정보를 담을 수 있다. 이러한 카드뉴스의 장점을 활용하면 자신의 전문분야를 살린 콘텐츠를 담아 퍼스널브랜딩을 도울 수 있다.

인스타그램에서 #카드뉴스쓰는트레이너는 건강과 운동 지식을 토대로 체형교정, 맨몸운동, 웨이트트레이닝 등의 주제로 카드뉴스를 발행한다. 일반인들이 쉽게 접할 수는 없지만 운동에 도움이 되는 해부학 관련 지식을 얘기해주기도 하고 어설프게 알고 있는 잘못된 상식을 전문가답게 콕 짚어 정확히 알려준다.

#카드뉴스쓰는트레이너는 이렇게 지속적인 콘텐츠를 개발, 발행함으로써 자신의 전문성을 일반인들에게 알리고 경쟁자 가운데서 인지도를 높일 수 있었다. 현재는 카드뉴스로 시작해 그 인기에 힘입어 유튜브로 콘텐츠를 확장하기도 했다.

만약, 카드뉴스를 활용해 PT샵 자체를 홍보했다면 포맷만 카드뉴스 형식일 뿐, 일반인들에게는 하고 많은 광고와 똑같이 느껴졌을 것이다. 반면에 일반인들이 관심을 가지고 읽을 만한 내용을 주제로 작성했기에 읽는 이들의 집중도를 높이고 팔로워가 늘어난 것이다. 카드뉴스를 제대로 활용하려면 형식에 주목하기보다는 자신만의 차별화 영역을 콘텐츠로 부각시킬 수 있는 글의 내용에 고심해야 하는 이유다.

요즘의 카드뉴스는 누구나 쉽게 제작할 수 있도록 애플리케이션도 다양하며 포토샵을 이용한 제작법을 기술한 서적도 시중에 많다. 이를 통해 제작의 도움을 얻는 한편, 카드뉴스를 통해 마케팅 효과를 제대로 얻기 위해서는 그 안의 내용에도 충실하자. 여기서 말하는 충실함은 세세한 설명을 곁들인 백과사전 같은 충실함이 아니다. 오히려 SNS 이용이 활발해짐에 따라 앞에서 말했듯이 문학 중에서도 시의 르네상스 시대가 부활했다. 짧은 글귀를 적어둔 #명언스타그램은 148천 개로 인기 해시태그임을 증명한다. 짧은 메시지도 하나의 콘텐츠가 되는 시대라는 말이다. 카드뉴스의 간결하지만 핵심을 담은 메시지 안에 자신을 표현하는 글을 쓰면 고객은 당신의 다음 카드뉴스를 기다린다.

마케팅에서의 성공은 콘텐츠의 수준 높은 제작 기술과 그 안에 담긴 본질이 모두 충실했을 때 가능하다. 카드뉴스를 제대로 활용하려면 형식에 주목하기보다는 자신만의 차별화 영역을 콘텐츠로 부각시킬 수 있는 글의 내용에 고심을 해야 하는 이유다. 요즘의 카드뉴스는 누구나 쉽게 제작할 수 있도록 애플리케이션도 다양하며 포토샵을 이용한 제작법을 기술한 서적도 시중에 많다. 이를 통해 제작의 도움을 얻는 한편, 카드뉴스를 통해 마케팅 효과를 제대로 얻기 위해서는 그 안의 내용에도 충실하자.

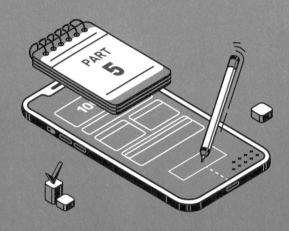

SNS 마케팅 글쓰기로
고객이 저절로 사게 하라

CHAPTER 01

글쓰기로도 얼마든지 브랜딩이 가능하다

분명하게 글을 쓰는 사람에게는 독자가 모이지만,
모호하게 글을 쓰는 사람에게는 비평가만 몰려들 뿐이다. - 알베르 카뮈

최근 마케팅에서 빠지지 않고 중요시되는 단어가 브랜딩이 아닐까 싶다. 상품이나 기업의 브랜딩 외에도 '퍼스널 브랜딩'이라는 개념이 대두되면서 1인 기업 혹은 개인에게도 브랜딩이 필요한 시대가 되었다. 이미 많은 관련 서적들이 나와 있고 지금 이 시각에도 브랜딩을 위해 힘쓰고 있는 기업들이 많지만 브랜딩에 대한 강조는 마케팅에서 빼놓을 수 없다.

과연 브랜딩이란 무엇일까? 쉽게 이해를 돕기 위해 쇼핑을 예로 들어본다. 나는 쇼핑을 즐기는 편이 아니다. 더구나 출산 후에는 항상 아이를 데리고 나가야 해서 좀처럼 마음에 드는 물건이 눈에 들어오지 않는다. 이제는 어떤 물건이 필요할 때 여러 군데 다니지 않고 내가 선호하는 브랜드의 매장에서만 상품을 고른다. 즉, 같은 종류의 제품을 판매하는 수많은 브랜드 중에서 나에게 긍정적 가치를 지닌 하나의 대표 브랜드만을 찾는 것이다. 이처럼 브랜드 자체가 단순히 소비자들에게 타사의 제품과 구별되기 위한 네이밍 혹은 상표라면 브랜딩은 고객의 신뢰를 바탕으로 충성도를 확보해야 가능하다.

소비자들에게 가치 있는 브랜드가 되기 위한 브랜딩의 기법은 수학적이고 과학적인 것이 아니다. 수학 공식이나 과학의 법칙처럼 브랜딩을 위한 정해진 방도가 있다면 쉽겠지만 브랜딩은 그보다 인문학적이고 감성적이며 섬세한 접근이 필요하다. 명품브랜드의 광고를 예로 살펴보면, 제품의 상세한 설명을 구구절절 늘어놓는 대신에 골드 컬러의 드레스를 입은 여신이 광활한 바다가 펼쳐진 곳에서 강렬한 태양빛을 받으며 달려 나아간다. 이는 자유로움과 관능미를 부각시켜 고급스러운 이미지로 소비자들에게 브랜딩하기 충분했다. 즉, 고객으로 하여금 사리분별을 통해 특정 상품을 선택하게 하기 보다는 다양한 감각과 감성을 자극함으로써 이미지를 형성하는 것이다.

지난 일요일 늦은 아침, 모든 주부들이 그렇듯 나는 눈을 뜨자마자 매 끼니 가족들의 식사를 무엇으로 챙겨줘야 할 지 걱정했다.

"뭐 먹지? 뭐 먹을까? 먹고 싶은 것 없어?"

어제와 똑같은 밥상을 차려내기 미안함도 있고, 휴일에 쉬고 싶은 마음도 들어 은근히 외식하자고 말해주기를 기대하며 남편에게 물었다.

"일요일은 내가 짜파게티 요리사!"

수년 전에 들었던, 아니 수십 년 전부터 TV 광고에서 익히 들어왔던 광고 카피로 내 고민을 해결해 주었다.

실제로 이 광고 카피 하나로 당시 일요일 점심때면 짜파게티 돌풍이 일기도 했다. 나 역시 어렸을 적 일요일 점심 가족들과 식탁에 둘러앉아 짜파게티를 끓여 먹었던 기억이 있다. 그리고 그 광고 카피는 30여 년이 지난 지금에도 많은 사람들에게 짜장 라면의 대명사는 짜파게티로 통할만큼 브랜드의 힘을 지녔다. 그 광고 카피로 브랜딩에 성공하여 명실상부 짜장 라면의 선두자리를 유지하고 있다.

이 광고 카피가 대중들에게 쉽게 인지되고 친근하게 다가왔던 것은 가족 혹은 친구들 사이에서 나눌 수 있는 정, 사랑이라는 감정을 터치해주었기 때문이다. 누구나 쉽게 요리사가 되어 가족에게 행복을 선사할 수 있다는 가족 간의 사랑하는 마음을 자극하여 브랜딩에 성공한 것이다. 여기서 필자가 주목하는 것은 소비자의 감성을 자극한 이 광고 카피도 기본적으로 글쓰기에서 비롯되었다는 점이다.

광고 CF뿐만 아니라 회사의 브랜딩을 위한 홍보용 동영상이나 슬로건 등의 콘텐츠도 모두 글쓰기를 바탕으로 한다. 그만큼 브랜딩은 과학적이고 계산적인 결과가 아니라 문화적, 인류학적 토대 위에서 감성적 요인을 자극하여 긍정적 가치를 획득해야 하는 것이므로 글쓰기가 브랜딩에서 갖는 힘은 참으로 위대한 것이다.

더구나 하나의 콘텐츠로 동시에 수많은 사람에게 나를 알릴 수 있는 기회를 제공하는 소셜 미디어 플랫폼에서는 마케팅 글쓰기 효과가 배가 된다. 물론 그렇다고 해서 SNS에서 소비자들에게 전하는 콘텐츠를 하나의 글만으로 구성하기는 어렵다. 생생한 시각적 요소를 선호하고 실제로 읽기를 어려워한다기보다 글 읽기의 노력을 기울이지 않으려는 일종의 난독증을 앓고 있는 현대인들에게 때론 글은 소모적일 수도 있다. 그럼에도 아무리 멋지거나 자극적인 이미지 또는 영상의 시각적 요소만으로는 고객의 마음에 파고들기 부족함이 있다. 글쓰기를 통한 가치 전달과 감성적 접근은 고객에게 더 깊은 관계를 형성하도록 연결고리를 만들어준다.

몇 년 전부터 농업에서도 정보화를 이루어야 한다는 움직임이 있다. 생산만 해서는 농업이 살아남을 수 없으며 이제 직접 SNS 마케팅을 배워 시도해야 한다는 것이다. 실제로 농업인들을 위한 정보화 교육 강좌가 많이 생겨나고 그에 따라 1차적 생산만 하는 농업인이 아닌 SNS에서 농업인으로서의 다양한 활동을 보여주는 농업인들이 많아지고 있다.

한 번은 나 또한 딸아이가 좋아하는 피클을 담그려고 오이를 대량 구입하기 위해 블로그 정보를 검색했다. 그중 한 농업인은 오이 농장을 운영하면서 소소히 농사짓는 풍경을 블로그에 기록하고 있었다. 내 눈에는 아무리 봐도 못생긴 오이를 오이지로 만들고 나니 예쁜 아이들이 맛도 더 좋아졌다고 적어놓은 글과, 봄의 어떤 꽃보다 오이꽃이 향기롭고 아름답다는 데에서 농사꾼의 오이 사랑이 절로 느껴졌다. 어린이들에게 오이 농장체험도 제공하고 농사를 하며 느끼는 보람도 함께 전달하고 있었다. 그의 블로그는 농산물을 살 수 있는 경로가 될 뿐만 아니라 숭고한 농업인의 가치까지 고스란히 전해지는 것이었다. 오이를 사는 고객에게 '농사꾼이 이렇게 애정을 갖고 키운 오이라면 맛도 좋겠구나.' 하는 생각이 들기에 충분하다.

만약 이 농업인이 단순히 온라인에서 판매의 용도로 상품들 사진만 올렸다면 내가 굳이 이 농장에서 오이를 사지는 않았을 것이다. 다른 쇼핑몰에도 오이의 사진은 수없이 많고 이 농장만의 특별한 가치를 얻지는 못했을 것이기 때문이다. 그가 블로그에 다른 농업인들과 달리 농사를 짓는 마음가짐과 이를 통해 고객에게 전하고 싶은 농산물의 가치를 글로 표현했기에 브랜딩에 성공한 것이다.

브랜딩은 앞서 말했듯이 브랜드 이름 자체만으로 브랜딩의 결과를 얻지 못한다. 소비자들의 마음에 들어서고 하나의 대표적인 브랜드로 인식될 때 브랜딩이 이루어졌다고 할 수 있다. 물론 브랜딩에 성공한 브랜드들이 소비자에게 제공하는 실제적 경험 가치에 따라 다시 브랜딩에서 도태되기도 하지만, 마케팅 영역에서의 시작은 얼마나 많이 그리고 깊이 소비자의 마음에 자리하느냐에 따라 결정되는 브랜딩에 달려있다고 해도 과언이 아니다.

그리고 브랜딩의 효과는 고객의 머리가 아닌 마음을 찌릿하게 하는 메시지를 담아야 극대화되는 것이다. 이것이 SNS 마케팅에서의 글쓰기가 가장 강력한 브랜딩의 기술이라는 말에 공감할 수밖에 없는 이유이다.

성공에 대한 큰 희망을 품고 사업을 시작한 당신! '나'와 '나의 상품'을 세상에 알리지 못해 고전을 면치 못하고 있다면 거리로 나가 브랜드 이름을 외치기보다는 사람의 가슴에 와 닿는 한 문장을 SNS에 써 볼 것을 권한다.

CHAPTER 02

마케팅 글쓰기도
사후관리가 중요하다

글쓰기는 내면을 들여다보고 다가올 미래를 그려볼 좋은 기회다.
그러나 몸과 마음에서 우러나지 않고 풍부한 지식을 과시하기 위해
쓰는 글은 자신의 앞날에 걸림돌이 될 뿐이다. - 나카타니 아키히로

주부로서 이건 꼭 사야 한다면서 욕심냈던 고가의 청소기. 기존에 사용하던 유선 청소기 제품에 비해 훨씬 편하고, 어린아이가 있는 집이라서 미세먼지를 항상 걱정했는데 그마저도 해결해준다니 무척 만족하면서 4년째 사용했다. 단 고장이 있기 전까지는. 직구 공동구매로 비교적 저렴하게 물건을 사면서 고장 걱정을 안 한 것은 아니지만 요즘은 사설 AS 업체도 많아서 괜찮을 것이라 섣불리 판단했다. 꼭 소장하고 싶은 마음이 커서였을지도. 하지만 막상 일이 발생하니 전화 한 통화면 서비스 기사가 방문해주고 가까운 거리에 센터가 있어 방문 및 처리가 빠른 국내 제품을 쓸 때가 그리웠다.

이렇게 사후관리는 구매 결정에 영향을 줄만큼 세일즈에 있어서 중요하다. 고객은 불편함이나 애로사항 발생 시 즉각적인 해결을 원하고 구입 이후에도 계속 고객으로서의 대우를 받고 싶어 한다. 이러한 사후관리를 보장받을 수 있다면 구입을 할 때에도 망설임이 없어진

다. 구매 결정을 돕고 충성 고객을 만들어주는 프로세스, 사후 관리를 SNS 마케팅에서도 놓치지 않는다면 당신의 매출은 비약적으로 증가한다.

SNS는 누구나 자유롭게 글을 게재하고 사진, 동영상 등과 함께 일상을 공유하는 공간인만큼 상품이나 서비스를 이용했을 때도 자연스럽게 후기를 작성한다. 요즘에는 바이럴(입소문)의 힘을 많은 사람들이 알고 그 효과를 증대시키기 위해서 마케팅 수단으로서 후기 작성을 도모하기도 한다. 무료로 상품을 주거나 일련의 대가를 제공하고 자사 제품 혹은 서비스 이용 소감을 긍정적으로 작성해주길 기대하는 것이다. 소비자의 입장에서도 무료로 받는 상품이 값비싼 것들은 아니지만 SNS를 운영하고 있다면 내가 오늘 먹은 음식, 그 때의 기분 등을 공유하는 데에 거리낄 이유도 없다. 실제로 이러한 리얼 후기는 잠재고객의 구매 결정에 막대한 영향력을 끼친다.

솔직히 필자도 자주 이용하는 음식 배달 애플리케이션에서 음식점을 선택할 때는 리뷰를 먼저 확인한다. 리뷰만 봐도 맛집 분별이 어느 정도 가능할 정도로 믿고 선택하는 기준이 되었다. 그만큼 판매자의 입장에서 리뷰는 매우 큰 자산이라 할 수 있다. 또한 신규로 시장에 진입한 경쟁자들에게는 강력한 무기가 된다. 마케터라면 이러한 자산 하나하나에 세심한 관리가 필요함은 당연하다.

일차적으로 해야 할 관리는 당연히 SNS의 기본인 소통이다. 댓글과 답글 달기는 SNS에서 친구가 되는 첫걸음이다. 상호를 SNS의 계정 아이디로 하는 사업장의 SNS라도 리뷰에 다는 댓글은 이미 한 번 만난 고객을 다시 마주하는 일이기 때문에 광고가 아니다. 즉, 고객은 자신이 올린 리뷰에 댓글이 달렸다면 반가워하며 한 번 더 브랜드 경험을 긍정적으로 떠올린다. 그것이 설사, 첫 번째 만남에서 좋지 않은 인상을 받았다고 할지라도 댓글로 적절한 대처를 한다면 부정적인 인식을 감소시킬 수도 있다.

음식점에서 종종 진행하는 음료 무료 제공 SNS 이벤트는 아이가 탄산음료의 맛에 눈을 뜬 이후로 나에게도 꽤나 메리트 있는 유혹이다. 우스갯소리를 덧붙이자면, 항상 맛있는 음식을 보면 휴대폰 카메라를 먼저 들이미는 습관이 있는데 이때만큼은 음식 앞에서 고사지내듯 사진 찍기 의식 차례가 얼른 끝나기를 기다리는 가족들 눈치를 보지 않고 당당히 카메라를 꺼낼 수 있다.

얼마 전, 아이가 치킨을 먹고 싶다 해서 남편의 퇴근 시간에 맞춰 나가 함께 근처 치킨 매장을 방문했다. 역시나 그곳에서도 SNS 인증샷 이벤트를 진행하고 있었다. 사이다를 먹고 싶다는 아이의 말에 나는 또 휴대폰을 들고 인스타그램을 하기 시작했다.

#금요일 #저녁메뉴는 역시 치킨

#바른치킨은 배달시켜도 맛있지만

매장에서 먹는 맛이 최고네요.

간단한 글과 함께 주문해서 나온 치킨 사진을 찍어 올렸다. 그리고 는 매장의 직원에게 보여주고 공짜로 사이다를 받았다. 여기까지가 대 부분의 SNS 이벤트 진행 시 사업장(판매자)에서 반응하는 행동이다. 하 지만 내가 올린 게시물에 다음날 댓글이 달렸다.

"바른치킨과 함께한 불금 즐거우셨나요? 맛있게 드셨다니 기쁘네요."

아마도 바른치킨의 고객 관리팀 직원이 내가 올린 게시물의 해시태 그를 검색하고 내 계정을 방문한 모양이다.

항상 SNS에 비슷한 이유로 인증 게시물을 올리면서도 바이럴 마케 팅 효과를 노린 상술적인 이벤트라 생각해오던 나에게는 조금은 신선 한 댓글이었다. 마케팅 수단의 하나일 뿐이라고 생각해오던 이벤트가 댓글 하나로 브랜드와 친밀감을 쌓을 수 있음을 경험한 순간이었다. 인스타그램 마케팅 컨설팅을 하다 보면 이러한 이벤트를 진행 시, 고객 들이 그때 당시에만 서비스를 받고 게시물을 삭제하는 것에 대한 고충 을 털어놓는 클라이언트들이 있는데, 이렇게 댓글이 달린다면 가볍게 지우지는 못할 것 같은 마음이 든다. 리뷰를 마케팅의 수단으로 활용 하지만 말고 기본적으로 소통이 중심인 SNS에서 계속 사후관리가 필 요함을 보여준다.

또 하나의 리뷰 관리는 마케팅 글쓰기를 보다 효율적으로 하기 위한 수집 과정이다. 앞서 말했지만 리뷰는 또 다른 고객을 끌어오는 자산 과 같다. 판매자의 입장에서 이러한 리뷰 하나하나를 살펴보고 즉각적인 반응, 소통을 이어가는 것도 중요하지만 그만큼 소중한 자산이기에 이를 체계적으로 정리·저장할 필요가 있다. 고객이 올려준 후기를 정리 및 저장한 자료는 다음 마케팅 글쓰기를 할 때 유의미한 자료가 된다. 후기를 찾아보고 구매 결정을 하는 데에 익숙한 요즘의 소비자들에게 자신의 상품 및 서비스에 대해 신뢰감을 주며 홍보하는 기회를 제공한다.

인스타그램 마케팅 교육을 담당하고 있는 필자도 많은 사람들이 인스타그램 피드에 올려둔 그동안의 강의 후기를 보고 문의를 해온다. 후기는 계속 강의의 수준을 개선하기 위해 꼭 검토하기도 하지만 이렇게 새로운 고객을 만나게 해주는 징검다리 역할도 한다. 그래서 강의가 끝난 후 후기 작성을 지면으로 요청할 때도 반드시 사진으로 찍어 저장해두는 습관이 생겼다. 종이에 적힌 후기일지라도 예비 고객이 서비스를 먼저 경험한 기존 고객의 소감을 간접적으로 경험하고 구매 선택의 기준으로 삼을만한 자료로 가공하면 SNS 마케팅 글쓰기에 필수적인 재료가 된다.

이러한 훌륭한 글의 재료를 찾기 위해서 끊임없이 고객들의 SNS를 모니터링하는 습관도 필요하다. 리뷰 이벤트를 할 때는 물론이고 실제 아무런 대가 없이 작성한 고객들의 리얼 후기도 꼼꼼히 살펴보라. 언제나 당근과 채찍을 함께 주는 SNS지만 고객들의 리뷰를 확인하면서 마케팅 자료로 삼는 일은 분명 가치 있는 일이다.

오프라인에서든 온라인에서든 언제나 사후관리는 고객만족을 좌우하는 중요 지표이다. 기업의 제품 및 서비스를 이용한 고객들에게 브랜드에 대한 마지막 인상을 결정하는 데에 많은 영향력을 지닌다. 기존의 우호적 선호도를 실망감으로 바꾸기도 하고 제대로 된 사후관리로 긍정적인 인상을 심어주기도 한다. 고객의 리뷰를 단순히 바이럴효과의 이익 반사를 위한 수단으로 여기지 않고 리뷰에 대한 적절한 사후관리로 고객과 진심으로 소통하고자 하면 SNS 마케팅 글쓰기로 충성고객을 얻을 것이다.

CHAPTER 03

또 사게 만드는
한 줄의 글쓰기 비결

기운과 끈기는 모든 것을 이겨낸다. -벤자민 프랭클린

한 번 고객은 영원한 고객.

대한민국 많은 사장님들의 당찬 포부와 염원과는 달리 아쉽게도 이 말은 항상 통하는 말은 아니다. 마케팅의 대상을 상품과 서비스에 대한 경험을 기준으로 나누어보면 신규 고객과 기존 고객으로 나뉜다. 제품 및 서비스를 사용하는 연령층, 성별, 특성 등이 비슷한 고객이라 할지라도 신규 고객이냐 기존 고객이냐 각각의 상황에 맞춰 마케팅 전략이 진행되어야 성공적인 결과를 도출할 수 있다. 하지만 대부분의 마케팅이 신규 고객을 끌어오기 위한 전략에 맞춰져 있다. 반면에 기존 고객에 대한 마케팅은 별도의 노력 없이 제품이나 서비스에 대한 경험치에만 의존하여 고객 스스로에게 고객 이탈 또는 재구매를 선택하게 하는 경우가 많다. 기존 고객이라도 재구매를 촉진하는 마케팅으로 상품 혹은 서비스에 대한 만족도를 끌어올릴 수 있다.

재구매를 위한 마케팅은 신규 고객을 유치하는 데 드는 비용보다 훨씬 적게 든다. 신규 고객의 경우, 구매 의사와 구매 능력이 있는 타깃을 탐색하는 데에 많은 정보가 필요하고 선정한 타깃을 대상으로 브랜드 경험을 이끌기까지 수많은 비용과 시간을 투자해야 한다. 반면에 기존 고객은 이전의 고객 정보를 활용하여 쉽게 접근할 수 있어 일반적으로 기존 고객 유지를 위한 비용이 적게 들어간다. 그렇다고 매출에 기여하는 효과도 작을까. 아니다. 재구매를 위한 마케팅이 잘 이루어졌을 때는 신규 고객의 구매보다 재구매를 이끌어 낼 확률이 더 높다.

실제로 한 번 재구매한 소비자가 두 번 재구매할 확률은 첫 번째 재구매율보다 높다는 점에서 이를 알 수 있다. 재구매 고객은 계속적인 브랜드 사용으로 충성 고객으로 발전할 확률이 높으며 이러한 경우 다른 고객에게 추천하기도 한다. 즉, 신규 고객 한 명을 유치하는 것보다 기존 고객을 충성 고객으로 만드는 마케팅 전략이 몇 배의 성과를 가져올만큼 중요하다. 저비용 고효율의 재구매 고객 확보 프로젝트, SNS마케팅 글쓰기에도 그 답이 있다.

맞벌이를 하는 젊은 세대의 부부라면 장보기 애플리케이션 하나쯤은 사용할 것이다. 나 또한 직장을 다닐 때부터 가끔 사용하던 대형마트 애플리케이션을 아이가 태어나고부터는 직접 장을 보러 나가는 것이 더욱 힘들어져 자주 애용하고 있다. 그중에서도 잘 쓰는 카테고리가 있다. 바로 'MY'라고 적힌 카테고리에 들어가면 나에게 맞춤화된 쇼핑 기능이 제공된다. 여기에서는 마음에 둔 상품, 최근에 본 상품 외에도 나의 소비 패턴을 분석하고 '나의 단골 상품'이라 하여 자주 구매하는 상품을 쉽게 다시 살 수 있도록 했다. 상품을 다시 찾아서 검색해야 하는 번거로움을 줄여주고 나에게만 최적화된 상품을 보여주는 것이다. 이러한 편리성 때문에 다른 대형마트에서 쇼핑하지 않고 지속해서 재구매를 하고 있다.

이렇게 컴퓨터 시스템을 갖춘 대기업에서만 가능한 고객 서비스가 아니다. SNS 마케팅에서도 고객 한 사람 한 사람에 맞춘 응대는 고객에게 감동을 준다. 그리고 구매를 한 후에도 조금 과장하여 표현하면 '손님은 왕이다.' 하는 대우를 받기 원한다. 따라서 고객 관리를 할 때는 자신이 한 분 한 분 계속 신경 쓰고 있다는 인상을 줘야 한다. 회원가입 혹은 주문시 받아놓은 고객 정보를 통해 전체 고객을 대상으로 보내는 DM을 발송하는 것이 아니라 나에게만 보이는 관심에 특별한 느낌을 받는다.

SNS 마케팅 교육을 하는 나는 이전의 컨설팅을 진행했던 고객들과 꾸준하게 인사를 주고받는 편이다. 교육이 끝나고 나면 상대방도 쉽게 SNS를 할 수 있게 되어서이기도 하고 고객의 사업에 SNS를 잘 활용하고 있는지, SNS 마케팅 효과를 보고 있는지에 대한 궁금증은 교육을 담당하는 나에게 가장 큰 관심이기 때문이다. 그리고 도움이 될 만한 교육 정보에 대해서는 안내를 해준다. 이렇게 SNS에 짧게 적은 댓글만으로도 고객 한 분 한 분 배운 내용을 활용해서 하시는 일이 모두 잘 되길 바라는 나의 마음을 전할 수 있다. 고객 중 몇 분은 이런 마음을 헤아린

듯 다른 교육을 수강하러 또 다시 찾아주고는 한다.

물론 신규 사업이 아니라 사업의 규모가 커지고 나면 고객을 일일이 관리하기란 쉽지 않다. 하지만 조금은 성가신 막노동의 과정이 수반되어야 고객이 감동함은 당연하다. 비즈니스 용도로 사용하는 SNS에 대해서 별도 관리하는 대행업체, 시스템 등이 다수 존재하지만 일대일 관계를 맺는 글쓰기의 작업은 반드시 필요해 보인다. 대개의 재구매가 발생하는 시점은 기존의 구입 상품이 다 떨어질 즈음이다. 평소 '좋아요'만 누르면서 소위 말하는 눈팅만 해왔다면 고객의 구매 데이터 기록을 찾아 보고 물건이 필요한 시점이라면 보다 적극적으로 고객의 SNS를 방문해보자. 그리고는 '좋아요'와 함께 짧은 댓글을 남겨보는 것이다.

"고객님, 이전에 구입해 가신 ○○상품은 잘 쓰고 계세요? 이번에 신제품 업그레이드되어 나왔어요. 구경 오세요."

댓글을 보고 다음날 주문 전화가 걸려올지도 모른다.

이번에는 재구매 고객을 늘리는 SNS 마케팅 글쓰기의 소재에 대해서 이야기해보자. 일단, 고객의 재구매를 이끌려면 소비자의 마음을 꿰뚫어 보아야 한다. 이를 확인할 방법은 여러 가지가 있겠지만 SNS에서는 더욱 고객 참여를 활발히 이끌 수 있고 관심을 집중시켜 브랜드 홍보도 함께 기대할 수 있다.

재구매율을 높이려면 먼저 재구매할 정도로 제품에 대한 만족도가 높아야한다. 세월이 지나도 다시 보고 싶은 영화를 재상영하고 오랜 세월 동안 사랑받은 음악을 리메이크하듯, 다시 사고 싶은 상품에 대한 정보를 얻는 과정이 필요하다. 기존에 몇 가지 반응이 좋았던 제품을 후보로 해서 투표 이벤트를 진행하는 글을 올려보자. 이벤트 참여에 대한 안내 글과 함께 기존 상품에 대한 각각의 정보를 쉽게 확인할 수 있는 카드뉴스 형태라면 더욱 좋겠다. 이렇게 SNS에 글을 올리는 것만으로 재구매 욕구가 있는 상품을 알 수 있을 뿐만 아니라 신규 고객들도 '어떤 제품이 정말 괜찮은가보다.' 하는 생각을 들게 하여 구매를 촉진할 수 있다. 특히 소소하게 공동구매를 진행하는 SNS 마켓에서는 다음 시즌 상품을 준비하는 데에도 도움이 된다.

SNS 마케팅을 처음 시작하는 사람들이 가장 많이 하는 고민이 바로 어떠한 콘텐츠를 올릴까 하는 것이 아닐까 생각된다. 이러한 고민에서 비롯되어 결국 하나도 게시물을 업로드하지 못하는 결과를 낳기도 한다. 시즌별로 계속 바뀌는 옷이나 다양한 상품을 판매하는 경우가 아니고 농수산물과 같은 식품군의 상품을 판매하는 때에는 특히 더욱 그렇다. 브랜드의 콘셉트가 존재하지 않거나 콘텐츠에 대한 깊은 고민을 해보지 않아서 새롭게 게시물을 작성할 거리가 생각나지 않는 것이다. 그렇다고 고객을 만나는 비즈니스 창구인 SNS를 내버려두어서는 안 된다.

한 달 전 SNS를 통해 구입한 영양 식품. 한 달분 분량을 다 먹으면서 몸에 잘 맞았던 터라 재주문을 하기 위해 계정을 다시 방문했다. 그런데 이제 판매를 중단한 것인지 한 달 전에 봤던 게시물 몇 개인 상태 그대로이다. 판매가 잘 안 되는 것일까? 재구매가 망설여진다.

　판매하는 상품이 한정되어 있다고 해서 SNS에 올릴 상품이 더는 없다고 관리를 소홀히 하지 말자. 이미 올린 상품의 사진이라도 좋다. 아무리 제품이 좋았다고 해도 자료의 업데이트가 지속적으로 안 되면 고객은 '이 가게는 장사가 잘 안 되나봐.' 생각하게 된다. 그 생각은 결국 장사가 안 되는 데에는 나름의 이유가 있을 것이라 잠정 결론 짓고 재구매하지 않을 것이다. SNS에 글쓰기를 꾸준히 하는 힘이 여기서도 발휘된다. 신규 상품이 있는 경우 제품에 대한 정보도 좋고 종류가 제한된 상품의 경우 과업 수행 중의 사진과 함께 일에 임하는 본인의 태도 및 생각 또는 감사함을 표시하는 주문 고객과의 대화 내용 등 다양하게 작성해서 올려보라.

　정리해보면, 재구매 고객을 확보하는 글쓰기란 신규 고객을 사로잡기 위한 마케팅보다 세심함이 필요하다. 호기심과 기대로 첫 번째 구매할 때보다 이미 경험한 상품과 서비스에 대한 인상을 더 긍정적인 인식으로 변화시켜 재구매를 결정짓게 하는 것이 마케팅인 까닭이다. 이를 공략할 방법은 바로 기존 고객에게 맞춤화 전략으로 다가가는 것이다. 어떤 상품이 만족스러웠는지 확인하고 더 필요한 서비스를 제때에 제공하는 것. 그 과정에서 고객은 당신의 진정성을 느끼게 된다. 이 순간 다시 지갑을 열 것이다.

CHAPTER 04

나만의 슬로건은
의외로 힘이 세다

제대로 쓰려 말고, 무조건 써라 - 제임스 써버

Just do it!

이 문구를 보고 제일 먼저 영어를 해석하는 사람은 그리 많지 않을 것이다. 그보다는 0.1초 만에 나이키를 떠올릴 것이다. 그만큼 슬로건은 브랜드를 각인시키는 힘을 지녔다. 슬로건으로 브랜드를 기억하고 슬로건으로 브랜드의 문화를 경험한다. 광고에 효과적인 슬로건을 만드는 법칙 그리고 SNS에서 슬로건을 활용할 수 있는 팁에 대해 알아보자.

슬로건의 첫 번째 조건, 브랜드의 정체성을 드러내는 문장이어야 한다. 앞에서 슬로건이 가진 힘에 대해서 이야기했지만 단 하나의 문장은 오로지 단 하나의 브랜드를 이야기할 뿐이다. 브랜드의 정체성이란 경쟁 브랜드와 차별화할 수 있는 고유한 특색을 뜻한다. 이것은 브랜드가 추구하는 이념으로 나다나기노 하고 기업의 비전을 담은 문장으로 표현되기도 한다.

Think Different

애플이 자신의 브랜드를 홍보하며 전면에 내세운 슬로건이다. 우리는 아이폰, 아이팟, 아이패드, 꾸준하게 전 세계의 주목을 받으며 출시되는 애플의 상품을 만나기 전부터 애플의 슬로건을 떠올리고 기대에 차 있었다. 슬로건 하나에서 느껴지는 도전 정신과 혁신을 추구하는 기업 이념이 계속하여 신문물에 대한 기대감을 안겼기 때문이다. 그리고 애플은 기업 이념에 따라 창의적인 발상으로 호평받는 신제품을 내놓으며 슬로건이 애플의 것임을 증명해 보였다.

슬로건이 담고 있는 내용에 대해 이야기했으니 이제 그것을 어떻게 표현할 지에 관해 이야기해보자. 광고에 쓰는 슬로건은 흔히 많은 사람들이 튀어야 한다고 강조한다. 광고는 곧, 창의적인 활동이라는 등식을 성립시키며 개성 있고 특이해야 살아남는다는 인식이 강하다. 물론 독창적인 발상, 튀는 문장이 대중의 기억에 남기 쉬운 것은 맞다. 하지만 여기서 간과하지 말아야하는 것은 대중의 공감이 우선되어야 한다는 점이다.

가끔은 세계영화제에서 호평을 받고 좋은 상을 수상한 국외의 영화들이 우리나라에서는 대중의 외면을 받고 스크린에 오르지 못 하는 경우가 있다. 한국 정서에 맞지 않는 스토리로 우리의 공감을 얻기에는 다소 어려웠던 것이다. 광고의 슬로건도 마찬가지다. 개성 있는 표현도 좋지만 고객의 공감을 먼저 끌어내야 가치가 있다.

이런 점에서 보면 슬로건은 감성적인 접근이 유효하다. 한국의 정서상 아무리 세대가 바뀌고 문화가 바뀌었어도 통하는 코드가 존재한다. 금수저로 태어나 누리고 사는 사람들보다는 가진 것 없어도 열정만으로 무언가 이루어보겠다는 사람을 더 많이 응원하고 값비싼 5성급 호텔에서 먹는 코스 요리보다 엄마가 끓여주신 김치찌개의 김치를 쪽 찢어 얹어 먹는 소박한 한 끼를 그리워하는 따뜻한 감성코드가 있다. 이것이 한국 정서에 맞는 누구에게나 통하는 감성코드다.

이것이 '풀려라 오천만! 풀려라 피로!'의 대한민국 청년들을 응원하는 박카스 광고와 '나는 당신의 정입니다.' 따뜻한 위로와 정을 나누는 초코파이 광고가 오랫동안 사람들에게 사랑받는 이유다. 누구나 공감할 수 있는 정서를 바탕으로 직관적이기보다는 감성적으로 슬로건을 작성해보라. 고객이 기업의 슬로건을 머리로 이해하기보다 마음으로 느낄 때 더욱 기억에 남는다. 이런 이유에서 슬로건이 '자본주의의 시'라고도 불리는 것이다.

또한 슬로건은 짧은 호흡의 문장이어야 한다. 담고 싶은 내용이 많아도 하나의 내용만을 담아야 한다. 아무리 좋은 말을 많이 나열해도 긴 문장의 슬로건은 고객의 인상에 남을 수 없다. 인상에 남을 수 없는 슬로건이라면 무용지물이다. 슬로건 작성하기를 마쳤다면 입으로 말해보자. 한 번 읽고 외울 수 없다면 수정해야 한다.

길이 제한이 정해져 있는 것은 아니지만 우리가 기억하는 슬로건은 대부분 짧은 문장으로 되어 있다. 그중에서도 가장 짧은 길이의 슬로

'풀려라, 5천만! 풀려라, 피로!'를 슬로건으로 한 박카스 광고

나는 당신의 정입니다

'나는 당신의 정입니다.'를 슬로건으로 한 초코파이 광고

건이 'I♥NY' 아닐까. 'I♥NY'은 1975년 제1차 석유파동 이후 찾아온 극심한 경제 불황에 뉴욕주에서 시민들에게 희망을 안겨주고 화합을 도모하기 위해 제작했다고 한다. 간단하지만 인상 깊은 문구로 지역민들

은 뉴욕에 대한 자부심을 느낄 수 있도록 하고 동시에 타 지역민들은 뉴욕이 예쁘고 사랑 넘치는 곳이라는 인상을 받아 가고 싶은 도시로 손꼽게 한다. 이 슬로건은 로고로도 제작되어 우리나라에서도 티셔츠 등의 상품에 그려지며 많은 인기를 누렸다. 그리고 이제는 전 세계에서 이를 빌려 쓴 듯 곳곳에 'I♥○○○' 형태의 조형물을 세워 관광객들의 포토존을 마련하기도 한다. 그만큼 간결하지만 강렬했다는 것을 증명한다.

효과적인 슬로건을 작성하였다면 SNS 마케팅에서 어떻게 활용할 수 있는가 그 쓰임에 대해서 살펴보자. 대기업의 슬로건이 우리에게 가장 잘 알려지는 경로는 단연 TV 광고다. 하지만 TV 광고를 할 수 없는 소상공인이라면 SNS를 통해서 슬로건을 선보이고 고객에게 브랜드의 비전과 가치를 전할 수 있다.

SNS에서 광고는 대개 글과 이미지 혹은 글과 짧은 동영상으로 제작된다. 콘텐츠 측면에서 볼 때 슬로건 자체를 주제로 하여 이미지와 동영상으로 제작하는 것이 가능하다. 기업의 비전, 이념 등을 나타내는 슬로건은 하나의 스토리를 만들기에 좋다. 이 경우 이미지와 동영상의 처음 혹은 마지막 부분에 슬로건을 보여주면 효과적이다. 특히, 동영상의 경우 슬로건의 내용을 확실히 보여준다면 한 편의 TV광고가 될 수 있다.

또한 슬로건으로 각종 채널의 프로필을 작성해보자. 프로필은 고객이 들어오는 대문과 같아서 브랜드에 대해 더 알고 싶은 경우 고객은 프로필을 반드시 거쳐서 들어온다. 블로그는 프로필 영역뿐만 아니라 블로그의 이름으로 써서 게시물 검색 노출시 블로그명이 함께 표시되므로 자연스럽게 고객들이 슬로건에 노출되는 것을 꾀할 수 있다. SNS에서 슬로건을 다양하게 활용하면 브랜드를 무의식 중에 기억하게 되고 결과적으로 인지도를 높일 수 있다.

나와 브랜드를 알리는 슬로건. 모든 기업의 비전과 목표, 이념 등은 좋으나 이것을 슬로건으로 어떻게 표현하느냐에 따라 고객은 다르게 느낄 수 있다. 그만큼 기업을 보여주는 짧은 문장이지만 중요한 역할을 하는 것이 슬로건이다. 그리고 고객은 슬로건에서 받은 강한 인상을 토대로 브랜드의 성격을 결정짓고 그것을 자신과 동일시하거나 혹은 배척하거나 한다. 예를 들어, '혁신'이란 가치를 내세운 슬로건이 얼리어답터들에게는 환호를 받지만 전통을 고수하는 사람에게는 외면 받을 수 있다는 것이다. 그리고 그것이 어느 쪽이건 슬로건으로 브랜드를 처음 경험하게 된다는 사실은 공통적이다. 모든 고객을 사로잡을 수는 없겠지만 타깃 고객층을 사로잡는 나만의 슬로건으로 승부하라!

CHAPTER 05

알차고 효과적인
마케팅 채널 관리는 이렇다

영감은 기다린다고 오지 않는다. 직접 찾으러 나서야 한다. - 잭 런던

지난해 《결과로 말하는 고수들의 실전 SNS》를 공저로 출간하면서 프로필 사진 촬영을 할 기회가 있었다. 그날의 드레스코드를 '블랙&화이트'로 잡았던 터라 검정색 원피스를 사야 했다. 한 여성 오피스룩 전문 쇼핑몰에서 원하던 원피스를 발견하고 주문했다. 그런데 재고가 부족하여 스튜디오 촬영 예정일 이후에나 배송된다는 메시지를 받았다. 급한 마음에 옷장을 아무리 뒤져보아도 검정색 옷이 보이질 않아 당장 무엇을 입고 가야 할지 걱정이 되기 시작했다. 온라인 쇼핑몰을 샅샅이 뒤져 원하는 디자인, 가격의 원피스를 고르긴 했는데 또 언제 배송될 지가 미지수였다. 다행히 내가 이용했던 쇼핑몰 애플리케이션에서는 인터넷에서 원하는 상품을 고르고 재고가 있는 근처 매장에 방문하여 상품을 바로 수령할 수 있는 편의를 제공했다. 이월 상품의 옷을 온라인에서 서림하게 고르고 실제 매장을 방문하여 옷을 입어본 후 최종 구매 혹은 취소할 수 있는 장점을 지닌다. 그 때 당시, 이월 상품 중

검정 원피스를 저렴하게 구입한 나는 수령을 위해 바로 매장을 방문했다. 사이즈는 잘 맞는지, 나와 잘 어울리는지 온라인 쇼핑몰에서 주문한 상품을 입어보았다. 아쉽게도 생각했던 것보다 선뜻 '이건 딱 내 옷이다.'할 정도로 마음에 들지는 않았다. 그 때 매장에 걸려있는 진주가 달린 검정색 원피스가 눈에 들어왔다. 기존에 고른 옷보다 가격이 3배 가까운 옷이었는데 입어본 후, 함께 쇼핑을 간 남편의 예쁘다는 말에 결국 이 옷을 샀다. 어쩌면 선택을 유도한 내 눈빛을 읽었는지도 모르겠지만.

우리는 온라인 쇼핑몰과 SNS 채널이 활성화되면서 오프라인 시장에 대한 우려를 해왔다. 쇼핑의 영역이 온라인으로 이동하여 오프라인 매장들이 문을 닫게 될 것이라는 추측에서였다. 그러나 온라인으로 주문하고 픽업을 위해 오프라인 매장에 방문했다가 결국 다른 상품을 최종적으로 구입하며 '이것이 온라인과 오프라인이 상생할 방안이 되는구나.'를 느꼈다.

오프라인과 온라인이 경쟁이 아닌 상생의 구조를 갖추듯, SNS 마케팅 채널도 다양화됨에 따라 시대의 흐름을 타고 인기 채널로 갈아타는 경우가 많은데 이제 하나의 채널에서만 마케팅을 고집하는 경우 성공할 수 없다. SNS 채널별로 고객의 특성이 다르고, 모집할 수 있는 잠재고객층이 다르다. SNS 채널별 특징에 따라 콘텐츠를 달리하고 글쓰기를 통해 각 채널을 유기적으로 통합하여 마케팅할 필요가 있다.

아마도 마케팅을 해야 하는 개인 혹은 기업이라면 하나의 SNS 채널만 운영하는 경우는 드물 것이다. 어떤 SNS든지 고객의 유입이 많아야 계정이 활성화되고 그만큼 마케팅에서 중요한 도달률을 높일 수 있다. 블로그의 방문자 수가 늘고 게시물을 읽는 사람이 늘어날수록 최적화 블로그에 가까워지고 팔로워 간의 관계도를 중심으로 인기 게시물을 보여주는 인스타그램도 여전히 마케팅에서 좋아요 수를 무시하지 못한다. 이렇게 SNS의 유입을 늘리기 위해서는 각 채널에서 다른 채널로의 이동을 유도하는 글쓰기가 필요하다.

필자가 주로 교육을 담당하고 있는 인스타그램을 살펴보면 프로필 영역에 링크를 삽입할 수 있는데 앞장에서는 이 링크 부분에 쇼핑몰 사이트로 연결시켜 매출을 늘리는 것에 대해 이야기했다. 이외에도 이 링크에 자신의 유튜브 채널 URL을 등록하여 다른 SNS 채널로의 유입을 도모할 수 있다. 인스타그램도 라이브 방송이나 동영상을 지원하지만 주로 사진 위주의 콘텐츠를 올리게 되므로 유튜브 운영을 별도로 하고 있다면 유튜브 채널 유입을 시킬 수 있는 방안이 필요하다. 유튜브 영상만으로는 구독자를 늘리는 데에 한계가 있다면 인스타그램, 블로그, 페이스북 등 타 SNS에서 유튜브 채널로 이동할 수 있도록 링크를 활성화해보자. 링크 뿐만 아니라 인스타그램에서 게시물을 올릴 때, "상세 내용 확인은 유튜브에서 'ㅇㅇㅇ'를 구독해주세요." 한 마디 적어주면 관심 있는 고객은 당신의 유튜브 채널도 방문할 것이다. 이때 인스타그램의 1분 동영상 업로드 기능을 활용하여 유튜브에서 선보이는 영상에 대한 맛보기 영상으로 호기심을 자극하면 더욱 효과적이다. 이렇게 각 SNS 채널의 특징을 이용하여 다른 SNS 채널과 함께 시너지를 낼 수 있는 콘텐츠와 글쓰기를 작성하면 마케팅에서 각각의 채널 활성화라는 두 마리 토끼를 잡을 수 있다.

필자는 별도 유튜브를 운영하고 있지 않지만 네이버 카페를 통해서 마케팅 정보를 공유하고 있다. 카페를 활성화하기 위해 다양한 SNS 마케팅 관련 정보글을 올리고 잠재고객을 확보한다. 하지만 아무리 많은 정보글을 올려도 카페 회원을 확보하지 못하면 조회수가 오르지 않는다. 내 카페를 홍보할 수 있는 네이버 카페가 존재하고 '좋아요' 등을 품앗이 할 수 있는 카페도 존재하지만 이러한 홍보는 수작업의 노력이 많이 들어간다. 더구나 이런 식으로 카페 활성화를 도모하는 것은 홍보를 위한 홍보가 되어 조회 수가 늘어난다고 해도 실제 고객으로 늘어나지 않고 허수인 경우가 대부분이다.

이러한 방법보다는 SNS를 통한 관리가 효과적이다. 인스타그램의 본문에 글자 수의 제한은 없지만 채널의 특성상 정보를 상세하게 담는 데에는 한계가 있다. 계속적으로 게시물을 올리는 대신, 자세한 정보가 궁금한 경우 네이버의 카페에서 〈소셜마케팅스쿨〉을 검색하도록 한다. 또한 정규과정 신청도 전화 혹은 댓글로 문의를 받기보다는 카페 가입 후 신청하도록 한다. 카페 운영자로서 회원을 확보하여 카페 활성화를 도모할 수 있고 회원들 또한 지속해서 교육 자료를 받고 마케팅 정보를 얻을 수 있어 만족도를 높인다.

물론 SNS 각 채널로의 유입을 늘릴 수 있는 충성고객을 확보하기란 쉬운 일이 아니다. 일단 하나의 채널에서 맺은 관계가 우호적이고 고객의 입장에서 유익했을 때 비로소 다른 채널에서도 관계를 맺고 싶은 마음이 든다. 따라서 모든 고객을 만족하게 하는 콘텐츠 발행이 쉽지는 않으므로 이벤트 또는 프로모션을 안내하는 글에서 다른 채널로의 가입을 유도하거나 상세 내용에 관한 확인을 유도하는 것이 좋다. 마케터가 고객을 확보할 때, 모든 고객이 명확하게 구매 의사를 가진다면 좋겠지만 SNS 마케팅에서는 제품에 관심을 가질만한 잠재고객을 확보해 두는 것도 중요하다. 따라서 제품을 지금 당장 구매해서 쓸 생각은 없지만 자사 브랜드에 관심을 두고 있는 고객들을 대상으로 무료체험 이벤트를 진행하거나 사은품을 제공하는 이벤트를 통해 다양한 채널로의 유입을 꾀하면 잠재고객을 확보하는 데에 유리하다. 제품에 대한 광고가 전부인 다른 SNS 채널보다 무료 이벤트가 있는 SNS 채널에 고객은 먼저 반응할 것이기 때문이다.

다양한 천의 원단을 판매하고 있는 '천가게' 공식 인스타그램에서는 인스타그램 뿐만 아니라 운영 중인 다른 SNS 채널로의 유입을 유도하는 이벤트가 진행됐다. 이미 인스타그램에서 팔로워 3만 명을 확보하고 있는 천가게는 유튜브 구독 1만 명 돌파를 기념하며 또 한번 '유튜브 구독 이벤트'를 진행했다. 인스타그램에 이벤트 게시물을 올려 팔로워를 대상으로 유튜브 구독까지 해 줄 것을 권한다. 그리고 응모 과정에서 또 한 번 홈페이지의 아이디를 남기도록 하여 홈페이지 가입까지 장

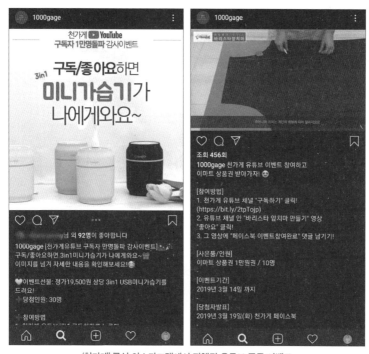

'천가게' 공식 인스타그램에서 진행된 유튜브 구독 이벤트

려하고 있다. 하나의 이벤트를 통해 여러 개의 채널에서 고객 확보를 시도한 것이다. 이외에도 천가게에서는 이벤트 진행 시 유튜브, 페이스북, 인스타그램 등 다양한 SNS 채널로의 고객 확보를 꾸준히 진행한다. 이벤트 당첨을 위해 무려 세 가지의 SNS 채널을 모두 방문, 가입해야 하는 번거로움에 이벤트 참여를 포기하는 고객도 있을 것이지만, 어느 정도 이미 폭넓은 고객층을 확보하고 있고 그에 걸맞은 가치의 사은품을 제공한다면 분명 다양한 SNS 계정을 활성화할 수 있는 방법이다.

따라서 이벤트 관련 글쓰기를 할 때 자사의 다른 SNS 계정을 활용하면 마케팅 효과를 두 배로 볼 수 있다.

마케팅을 위해 필수가 된 SNS. 가끔 컨설팅을 진행할 때 어떤 SNS 채널로 홍보를 하는 것이 가장 효과적이냐는 질문을 받는다. 요즘 대세인 SNS를 찾는 것보다 효과적인 방법은 당연히 각각의 채널을 운영하면서 이를 통합적으로 운영할 수 있어야 하는 것이다. 각각의 SNS 채널을 별개로 운영하려고 하지 말고 유기적으로 이어주는 통합 마케팅 글쓰기를 해보자. 콘텐츠의 간단한 수정, 변형만으로도 복수의 SNS 운영이 가능하고 이를 유기적으로 운영할 때 두 가지 이상의 채널 모두 마이너스 없는 SNS 마케팅의 결과를 얻는다.

CHAPTER 06
최고의 마케팅은 고객이
스스로 사게 하는 글쓰기

글을 쓰면서 우리는 더 이상 자신에게 머물 필요가 없다. -커스타브 플로베르

필자와 비슷한 세대라면 한 때 '미니홈피'로 전성기를 누렸던 '싸이월드'를 모르는 사람은 없을 것이다. 그때 당시 싸이월드에서 소소히 블로그를 운영했던 나는 많은 사람들이 네이버 블로그로 자신의 이야기장을 이동하면서 상업화로 변질되어가는 것에 대한 부정적인 시선이 있었다. 진짜 SNS의 기본 성격인 자신의 관심사와 나누고 싶은 정보를 공유하는 것에서 블로그로 돈을 벌어들이려는 것에 대한 거부였다. 그것이 어쩌면 학생 신분에서 사회로 나오기 이전이라 그저 돈을 좇는 것으로만 보여 조금이나마 순수함을 지키고 싶은 얄팍한 자존심이었는지도 모르겠다. 하지만 나의 마음과는 다르게 SNS가 마케팅의 수단으로 쓰이기 시작하면서 더욱 발전해가고 있다는 사실을 깨달아야만 했다. 그게 시대의 흐름이었고 나 또한 어느새 SNS를 통해서 그것이 광고일까 의심하면서도 맛집 정보를 얻고 물건을 사고 있었기 때문이다.

그리고 직접 SNS 마케팅을 해보면서 나의 이야기를 풀어내는 것과 마케팅을 위한 글쓰기가 하나의 연장선에 있음을 알 수 있었다. SNS 마케팅 글쓰기는 상품과 서비스만을 판매하기 위한 세일즈 글쓰기가 아닌 까닭이다. SNS의 본질에 가까운 글쓰기를 할 때 고객이 스스로 찾아오는 SNS 마케팅이 가능하다. 이것이 SNS 마케팅 글쓰기가 가지는 위엄이고 가능성이며 동시에 추구해야 할 방향이다.

SNS 마케팅 시장은 이미 포화상태라고 볼 수 있다. 그러나 이 포화상태는 개선되기보다는 더욱 심화될 것이다. 지금 이 순간에도 스타트업 기업들이 출현하고 1인 기업가들의 관심이 SNS 마케팅에 쏠리고 있다. 시장에서 살아남기 위해 SNS 마케팅 경쟁에서 또 다른 생존 싸움을 하고 있다.

이 치열한 경쟁에서 살아남기 위해서는 마케팅의 테크닉도 중요하지만 그보다 먼저 '나다움'을 찾아야 한다. 바로 브랜드를 브랜딩하는 일이다. 앞에서도 강조해왔지만 브랜딩이 SNS 마케팅에서 글쓰기가 추구해야 하는 방향이자 고유한 영역이다. 이미지와 동영상 콘텐츠를 제작해도 '나다운' 브랜딩을 하는 것은 그 안에 담긴 글이 있어야 고객에게 온전히 전달된다. 글이 없는 이미지와 동영상은 고객의 상상력을 자극하지만 글을 담게 되면 표현을 풍부하게 하여 마음을 열게 할 수 있다. 그 글에 '나다움'을 표현하면 SNS 마케팅 글쓰기가 성공적이라 할 수 있다.

나 또한 SNS를 운영하면서 교육을 담당하고 있는데 끝없는 '나다움'을 표현하기 위한 글쓰기에 고민의 흔적을 엿볼 수 있다. 많은 사람에게 전달하고 싶은 마케팅 기술적인 것에 대해서 늘 먼저 탐구하고 실천을 통해 직접 경험해보며 그 과정에서 드는 하루의 생각을 정리한다. 또한 선한 영향력을 끼치는 사람이 되고 싶다는 마음에서 비롯된 내가 가고자 하는 길이 어느 순간, 물질적인 노예로 전락하는 것을 스스로 예방하기 위해 자기 다짐을 늘어놓기도 한다.

내 휴대폰 배경화면 문구에는 항상 '따뜻하고 싶은 100℃'라고 적혀 있는데, 이것은 100℃의 뜨거운 열정을 가지고 내 일을 하지만 그것을 하는 과정에서 타인을 돌아볼 줄 아는 따뜻한 마음을 잃지 않는 나이길 바라는 마음에서다. 그리고 가능하면 SNS에서도 이 마음이 사람들에게 전달되길 바라며 항상 '하루 저장'을 하고 있다.

맛있는 것을 먹어도 음식이 아니라 함께 자리하는 사람과의 교감이 중요하고, 새로이 발견하는 배움에 함께 그것을 나눌 수 있는 사람들이 있어서 즐거움을 SNS에 고스란히 쓰고 있다. 어떻게 보면 마케팅을 위한 글쓰기가 아니라 '나'를 발견하는 그리고 '나'를 표현하는 글쓰기에 가깝지만 이러한 '나다운' 글들이 모여 고객에게도 신뢰할 수 있는 강사의 모습으로 다가설 수 있었다. 이것이 고객이 스스로 찾아오는 브랜딩을 가능케 하는 SNS 마케팅 글쓰기의 힘이다.

우리는 이 브랜딩을 하기 위한 고민을 수없이 많이 하지만 그것을 발견하고 표현하기란 쉽지만은 않다. 하지만 브랜딩이 되었을 때 고객이 경쟁사 제품이 아닌 '나'를 찾아주는 것은 당연하다. 시장에 나가보면 상인들이 하는 말 중에 종종 이런 말을 듣게 된다.

"이거 백화점에 납품하고 있는 제품하고 똑같은 거예요." 이 말이 사실이라면 똑같은 제품을 왜 우리는 백화점에서 비싼 가격을 주고 사는 걸까? 바로 똑같은 제품을 어떻게 파느냐에 따라 그 희소성의 가치가 달라지기 때문이다. 같은 품질의 제품이라도 그것에 부여된 가치가 다르기 때문에 '브랜드 제품'이라는 이유로 높은 가치로 평가받는 것이다.

가치를 부여하는 방식에는 여러 가지가 있지만 그 제품 혹은 서비스만의 희소성을 갖기 위해서는 경쟁 제품과 차별화되어야 한다. 가격, 성능 등 어떠한 요소도 차별화의 기준이 되지만 브랜딩이 되는 희소성의 가치는 역시 '나'의 이야기에서 비롯된다. 가격, 성능 모두 시장 발달에 따라 더 좋은 품질의 저렴한 상품이 나오고 나면 시장에서 도태되고 말기 때문이다.

상품과 서비스를 판매하는 글은 아니지만 자기소개서는 일종의 취업을 위해서 기업에 '나'를 판매하는 글이라고 볼 수 있다. 자기소개서의 단골 질문인 '당신은 왜 이 회사에 지원하셨습니까?'를 바꿔서 '당신은 이 일을 왜 하고 싶으신가요?'에 대한 통찰로 시작한다.

당신은 무엇을 할 때 즐거우신가요?
당신이 소중히 여기는 가치는 무엇인가요?
당신은 어떤 일을 할 때 가슴이 뛰나요?

몇 가지 '나'를 되돌아보는 질문에 답하는 글을 작성함으로써 '나다움'

을 찾을 수 있다. 위의 질문은 실제 브랜딩을 위한 컨설팅 진행 시 클라이언트에게 요청하는 내용의 질문이다. 주체가 경쟁사가 아닌 '나'를 중심으로 이야기를 풀어나가기 때문에 진정성을 바탕으로 의미 있는 스토리를 전개해 나갈 수 있어 브랜딩의 핵심가치를 찾는 데에 유효하다. 이 책의 마지막 장을 덮기 전에 꼭 한 번 위 질문들에 답해보길 권한다.

그리고 '나(기업)'를 세상에 알릴 그 브랜딩의 방향이 섰다면 지금 바로 SNS에 로그인해보자. SNS 마케팅 글쓰기 또한 글쓰기의 훈련이 필요하므로 습작만이 발전된 길로 향할 수 있다. SNS 마케팅에서 또 다른 중요한 콘텐츠를 만드는 사진과 동영상은 더 나은 퀄리티를 위해 고난이도의 기술과 비싼 장비를 요하지만 글쓰기는 그보다는 특별한 장비와 기술 없이 많은 훈련을 통해서 다듬어지고 세련된 글을 쓸 수 있다. 그리고 계속 글쓰기를 하는 과정에서 브랜딩을 찾아가는 과정을 만나기도 한다. 무엇보다 SNS 채널에서는 고객과 소통하며 반응을 살필 수 있어 더욱 내가 몰랐던 새로운 '나(브랜드)'를 발견하는 기회가 되기도 한다.

이 책은 SNS 마케팅을 할 때 고객의 마음을 유혹하는 최적의 글쓰기를 돕기 위해 몇 가지 기술적인 것과 내용적인 것을 두루 담고자 했다. 마케팅을 위한 각 채널의 상위노출 로직을 이해하는 것도 중요하지만 노출된 글이 매출로 연결되기 위해서는 마케팅 글쓰기가 체계적으로 이루어져야 효과적인 까닭이다. 또한 시시각각으로 변하는 소셜미디어 플랫폼에서 정하는 일련의 로직들은 시간이 지나면 쓸모없는 정보가 되고 말아 마케팅 글쓰기로 브랜딩을 한다는 것은 중요한 의미가 있다. 앞장에서 소개한 글쓰기 기술들을 바탕으로 '나'와 '고객'에 대한 통찰에서 시작된 진심을 담아 SNS 마케팅 글쓰기에 임해보자. '나'를 알고 '고객'을 존중하는 글쓰기로 마음을 움직여라. 고객이 스스로 찾아올 것이다.

마케팅 글쓰기는 아트와 같다

"회사 그만둔 거 후회하지 않아?"

철 밥 그릇이라는 공기업을 퇴사하고 SNS 마케팅 강사로서의 새로운 삶에 도전장을 내밀었을 때 많은 주변 사람들이 많이 했던 질문이다. 안정적인 수입을 포기하는 것에 대한 걱정 반. 그럼에도 새로운 도전이라는 용기 있는 행동에 대한 부러움 반. 딱 두 가지 반응에서 나온 질문이었다. 여기에 대한 답변은 그냥 단순하다. 마케팅이 좋았고 사람 만나는 일이 좋았다. 지금도 그러하다.

물론, 나도 마케팅이 처음부터 재밌었던 것은 아니다. 시장의 치열한 경쟁에서 살아남기 위해 온라인에서 더 치열한 상위노출의 경쟁을 경험하며 좌절했던 적도 있었다. 기다림의 시간이 힘들긴 했어도 구입문의 전화 한 번에 힘을 얻었고 한 계단씩 상승하는 매출에 밤을 잊은 열정이 솟구쳤다. 그렇게 조금씩 성과를 얻고 나니 SNS에 내 상품을 소개하는 일 자체가 재밌어졌다. 내 SNS 계정만 보아도 그 즐거움이 글쓰기에 고스란히 묻어나 있다.

마케팅 글쓰기는 아트Art와 같다. 한 번쯤 미술관에서 작품을 감상했던 기억을 떠올려보라. 분명, 유명 화가가 그린 작품이라는데 별 볼일 없어 보이는 경우가 있다. 그림 앞에 다가가 제목을 유심히 들여다본 후에야 왜 유명 작품인지 수긍이 간다. 무심히 그려놓은 듯한 그림의 깊은 의미를 바로 찰떡같은 제목으로 작가의 예술적 세계관을 만나게 되는 순간이다. 이렇듯 예술 작품의 기가 막힌 제목처럼 마케팅 글쓰기를 통해 판매하는 사람의 마음을 꿰뚫어볼 수 있다. 이 말은 팔리지 않을 것 같은 그림 한 점도 제목으로 예술성을 부여받듯 마케팅 글쓰기로 판매자의 정성, 노력, 진심을 느낄 수 있다. 그래서 나에게 마케팅은, 정답은 없지만 정직하다는 점에서 충분히 매력적이다.

또 하나, SNS 마케팅 강사로서의 삶을 선택한 것은 강의를 통해 만나는 새로운 인연이 나에게 보람과 동시에 성장의 계기가 되는 까닭이다. 그저 각자의 이야기를 듣는 것도 즐겁지만 강의를 통해, 또 더 이어지는 대화를 통해 누군가의 인생을 변화시킬 수도 있다는 사실은 나의 자존감도 높여주는 일이 되었다. 이 가치 있는 경험은 첫 번째 책《결과로 말하는 고수들의 실전 SNS》를 펴내면서도 기회가 많아졌다. 처음에는 저자라는 어렸을 적 꿈을 이루었다는 사실에 마냥 기뻤다면 지금은 그 자체보나 내 SNS에 메시지를 보내오는 독자들과의 새로운 인연에 설렌다. 덕분에 이 두 번째 책을 집필하면서도 좋은 인연을 기다리는 마음으로 더 설레었고 그만큼 진심을 다할 수 있었다.

　마지막으로 나의 새로운 꿈을 향한 도전에 믿음으로 응원해 주신 모든 가족, 친구, 지인들께 감사의 마음을 전한다. 무엇보다도 엄마랑 놀고 싶다고 울면서도 엄마가 제일 좋다고 말해주는 딸 아이가 있어 워킹맘으로서 힘을 낼 수 있었고, 하고 싶은 말이 많았을 텐데도 말을 아끼고 네가 행복한 일을 찾아서 좋다고 말해주며 외조해준 남편 덕분에 두 번째 책이 나왔다. 이제 또 다른 소망이 있다면 변화된 나의 삶만큼 이 책을 통해 독자들이 조금이나마 SNS 마케팅에서 기회를 얻고 꿈을 향해 정진할 수 있기를 바란다.

SNS 마케팅 글쓰기에
유용한 애플리케이션 &
사이트

01 키워드를 모르고 마케팅을 논하지 마라
키워드마스터

네이버는 어떻게 내가 궁금해하는 내용이 담긴 자료만 딱 찾아서 보여주는 것일까? 바로 내가 입력한 검색어에 답이 있다. 우리는 무언가 궁금할 때 가장 먼저 그것을 검색창에 입력해본다. 그러면 네이버에서는 입력된 단어를 포함하고 있으면서 관련 내용을 다루고 있는 글을 검색 결과로 보여준다. 이 과정에서 검색어는 더는 검색어가 아니라 키워드가 된다. 네이버가 유저들에게 최대한 관련도가 높은 글을 보여주기 위해 특정 단어의 입력 횟수, 연관검색어, 관련 내용, 첨부 파일 등 많은 것을 고려하여 데이터를 선별하는 과정에서 가장 중요한 키워드가 되는 것이다.

다시 말해, 키워드는 내가 쓴 글을 검색 결과로 보여주는 열쇠를 쥔 단어이기에 우리는 이것을 마케팅하는 데에 적절히 활용해야 한다. 나만 아는 단어가 아닌 고객이 검색할 만한 검색어를 키워드로 선정해야 하고, 키워드를 선정했다면 네이버가 검색결과로 보여줄 수 있는 글을 작성해야 한다. 키워드는 블로그를 비롯해 포스트, 카페 등 모든 채널의 마케팅 글쓰기에서 노출을 위해 중요하므로 꼭 한 번 살펴보길 바란다.

지난해에 출간된 공저로 참여했던 《결과로 말하는 고수들의 실전 SNS》에서는 '네이버 검색 광고'의 '키워드 도구'를 활용한 키워드 전략에 대해 설명했다. 현재에도 네이버에서 제공하는 키워드 관련 자료들은 매우 유용하나, 강의 현장에서 들은 수강생들이 말하는 별도의 회원가입이 필요한 번거로움, 마케팅 초보자들이 이해하기에는 어려운 자료 등의 의견을 반영하여 더욱 더 쉽고 직관적으로 키워드 관련 자료를 정리해서 보여주는 '키워드마스터'를 소개한다. 웹사이트 '키워드마스터'http://whereispost.com/keyword를 통해 마케팅 글쓰기의 꽃, 키워드를 마스터해보자.

키워드마스터 사용 방법

웹사이트를 열고 왼쪽 상단의 '키워드마스터'를 클릭한다. 대개 구글에서 '키워드마스터'를 검색해서 웹페이지를 연 경우, 기본적으로 해당 페이지가 자동 설정되어 있다. 이제 화면 상단의 검색창에 알아보고 싶은 키워드를 검색해본다. 검색창 아래 화면 중간에는 검색창에 입력한 키워드와 관련된 다른 키워드들을 보여준다. 그리고 그 아래에는 검색한 키워드 관련 정보를 나타낸다. 최근 30일 기준으로 PC 검색량, 모바일 검색량, 총 조회 수, 문서 수, 블로그 순위 등 네이버에서 제공한 정보를 가공하여 알기 쉽게 보여준다.

내 글의 노출을 높이기 위해서는 어떤 키워드를 전략적으로 사용해
야 하는지 방법을 살펴보자. 먼저 예시로 검색해 본 결과를 살펴보면
대부분 PC 검색량 보다 모바일 검색량이 많다는 사실을 알 수 있다. 예
외로 블로그의 경우, 편의상 휴대폰으로 포스팅을 작성하기보다는 PC
로 작성하는 경우가 많기 때문에 실제로 포스팅을 작성하기 바로 전에
PC에서 '블로그 글쓰기'를 검색해 봤을 것이라 짐작된다. 이러한 검색
량의 경우, 사람들이 얼마나 자주 검색해보는지 알 수 있는 지표가 된
다. 따라서 너무 적은 수치를 보이는 키워드는 내가 글을 써도 사람들
이 별로 궁금해하지 않기 때문에 노출의 기회를 잃을 수 있다.

이것을 정확히 확인하기 위해서 살펴보아야 할 항목이 바로 '총조회
수'다. 실제로 조회한 수치는 검색량이 적은 키워드를 키워드로 선택하
는 데에 의미 있는 정보가 된다. 총조회 수가 높다면 오히려 해당 키워
드를 검색한 소수의 확실한 타깃이 내 글을 읽을 확률이 높아지기 때문
이다.

하지만 이때에도 한 가지 더 확인해 볼 것이 있다. 바로 '문서 수'다. 실질적으로 키워드 경쟁이 어느 정도로 치열한지 가늠해보는 정보라 할 수 있다. 문서 수가 많으면 많을수록 경쟁이 치열하고 반대로 문서 수가 적을수록 내 글이 상위노출 될 확률은 높다. 즉, 정리하자면 총 조회 수 대비 문서 수가 적은 것이 유리하다. 예시 결과에서 '블로그 글쓰기'와 '인스타그램 글쓰기'를 비교했을 때 총조회 수는 두 배가 채 차이 나지 않지만 문서 수는 각각 367,737개와 23,556개로 10배가 넘게 차이 난다. 따라서 내 글의 유입을 늘리고 싶다면 조회 수 대비 문서 수가 적은 '인스타그램 글쓰기'를 키워드로 작성하는 것이 더욱 더 효과적이다.

마지막으로 검색 결과 표에서는 '블로그 순위'를 표시한다. 이것은 해당 키워드로 상위 노출된 결과이며 네이버(N), 티스토리(T), 다음(D), 기타(E)로 구분한다. 블로그 순위를 나타내는 이 아이콘 위에 마우스를 올리면 바로 해당 포스팅으로 이동할 수 있다. 이 부분은 꼭 한 번 해당 블로그들을 방문하여 상위노출 될 수 있었던 요소를 살펴보길 추천한다. 키워드 사용은 어떻게 하고 있는지, 첨부파일은 어떤 것을 활용하고 있는지, 이웃과의 소통은 어떤 식으로 이루어지는지 등의 관찰을 통해 블로그 마케팅 실력은 한 단계 성장할 것이다.

02 다양한 채널을 한꺼번에 홍보하자
인스타바이오

앞서 매출을 올리는 SNS 프로필 작성하는 방법을 보았다. 이미 언급했지만 아쉽게도 인스타그램에서는 본문 링크 삽입이 불가하다. 오직 프로필의 마지막 한 줄 웹사이트 소개란에서만 링크를 걸어둘 수 있다. 내 블로그와 유튜브 채널, 쇼핑몰 홈페이지까지 홍보하고 싶은 것은 많은데 겨우 한 개의 URL만 등록할 수 있다니. 고민을 해결해 줄 애플리케이션을 소개한다. '인스타바이오'는 여러 개의 링크를 단 하나의 링크로 설정하여 모든 접근을 가능하게 해준다. 아이폰과 안드로이드폰 모두에서 다운로드 및 사용 가능하니 활용해보기를 추천한다.

인스타바이오 사용 방법

구글 플레이스토어 혹은 앱스토어에서 '인스타바이오'를 검색하여 선택, 다운로드한다. 애플리케이션을 다운로드 받았다면 계정을 생성하고 로그인하여 첫 화면을 띄운다. 화면 중앙에 보이는 '링크 만들기'를 클릭하거나 오른쪽 상단의 '+' 기호가 있는 노트 모양을 클릭하면 다양한 테마를 둘러볼 수 있다. 테마의 미리보기 화면 아래 'PRO'라고 적혀 있는 것은 유료 사용이므로 참고하여 원하는 테마를 선택한다.

주제별로 다양한 테마를 보여주고 있으므로 내가 운영하는 계정의 주제와 관련 있는 테마를 선택하면 내 계정을 방문한 잠재고객들에게 콘셉트를 보다 명확하게 전달할 수 있다. 원하는 테마를 선택한 후 사용자 정의를 클릭하여 내가 원하는 텍스트, 이미지, 링크를 넣어 수정한다. 상단 영역을 클릭하면 대표 이미지, 표제, 기술 등을 작성할 수 있고 하단 영역을 클릭하면 각각의 다양한 링크로 연결되는 버튼 영역 부분을 수정할 수 있다. 버튼의 아이콘도 수정할 수 있으므로 기본 설정 외에 원하는 채널 또는 내 쇼핑몰의 로고 등을 활용하여 개성 있게 꾸며 볼 것을 추천한다.

화면 각 영역의 수정이 완료되었으면 이제 다양한 링크들을 하나로

묶을 대표 링크를 설정할 차례이다. '맞춤 링크 URL'을 클릭하여 도메
인을 선택한 후 '연결' 부분에 원하는 링크의 주소를 작성한다. 여기에
서 도메인 옆의 보석 모양은 유료 버전으로 이용 가능하니 참고하여
대표 링크 주소를 설정한다. 원하는 도메인과 주소 작성을 완료했으
면 저장하여 '맞춤 링크 URL'화면으로 돌아온 후, 오른쪽 옆 복사 기호

를 클릭하여 복사하고 인스타그램 프로필
웹사이트 부분에 붙여넣기를 하면 된다. 이
제 고객은 맞춤링크 하나만 클릭해도 다양
한 웹사이트를 둘러볼 수 있다. 그동안 하
나의 웹사이트만 한정적으로 홍보해야 했
던 아쉬움과 비교하면 가성비가 높은 마케
팅이다.

03 이제 텍스트에도 나의 개성을 담는다
인스타폰트

'인스타그래머블'이란 신조어를 만들어 낸 밀레니얼 세대들은 그만큼 시각적 요소를 중시한다. 이러한 트렌드는 텍스트도 아트인 시대를 만들었다. 카드뉴스처럼 이미지에 들어가는 텍스트는 물론이고 고객을 마주하는 모든 텍스트를 개성 있게 꾸미길 원한다. 블로그에서도 그 마음을 담아 폰트, 색상, 크기 등에 변화를 주어 조금이라도 더 눈에 띄는 글쓰기를 도모한다. 그런데 아쉽게도 SNS에서는 다양한 폰트와 색상, 크기 변경을 허용하지 않는다. 우리는 그동안 그 아쉬움을 이모티콘으로 달랠 뿐이었다. '인스타폰트'에서 이제 나만의 개성 있는 폰트로 프로필 작성을 해보자.

인스타폰트 사용 방법

검색창에서 instagram fonts generator를 검색하면 폰트와 관련된 몇 개의 사이트가 검색결과로 나타난다. 이 책에서 소개할 인스타폰트는 회원가입 및 로그인 절차 없이 웹사이트https://igfonts.io/에 접속하여 바

232

로 이용할 수 있다. 다만, 아쉬운 점은 한글에 대해서는 다양한 폰트를 제공하지 않고 있으며 영문에만 한정하여 서비스를 제공한다. 영문 사용의 예를 상기해보자면, 인스타그램 프로필에서 이름 혹은 브랜드명을 영어 스펠링으로 사용하기도 하는데, 이때 강조 효과를 줄 수 있다. 또는 개인 계정을 운영하시는 분들의 경우에는 자신의 가치관 등을 프로필 소개란에 적기도 하는데 영어로 된 명언 한 줄은 '인스타폰트'를 활용하여 작성하면 더욱 더 감각적으로 보인다.

폰트를 변경하여 적용하는 과정에 대해 살펴보자. 먼저, 웹사이트에 접속하면 화면 상단에 'Type or paste your text here :)'라고 적힌 박스가 보인다. 그 곳에 폰트 변경을 원하는 텍스트를 입력한다. 변경하고자 하는 텍스트를 입력하면 자동으로 박스 아래에 다양한 폰트들이 펼쳐진다. 마음에 드는 것을 선택하여 길게 누른 후 모두 선택하여 복사한다. 복사한 텍스트는 인스타그램 프로필 수정 시 붙여넣기를 하면 원하는 폰트대로 입력된다. 프로필 외에도 본문에도 적용 가능하니 영문을 예쁘게 쓰고 싶을 때 혹은 영문으로 된 브랜드명만을 돋보이게 하고 싶을 때 적절히 활용해보길 추천한다.

또한 다양한 폰트를 보여주는 박스 가장 아래에 'Design your own font' 버튼을 클릭하면 내 마음대로 폰트를 설정할 수 있다. 왼쪽 위 박스에 변경하고자 하는 텍스트를 입력하고 아래에서 스펠링별로 원하는 폰트를 선택한다. 해당 스펠링에 대해서만 선택된 폰트로 변경되어 오른쪽 상단 박스에 표기되는 것을 확인할 수 있다.

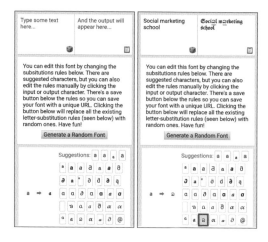

04 아직도 #첫줄 해시태그 쓰니?
인스타공백

#첫줄 해시태그는 인스타그램에서 게시물을 올렸을 때 본문의 텍스트가 계정 이름 바로 옆에 붙어서 입력되는 현상을 한눈에 보기 좋게 정렬하고자 하는 유저들 사이에서 인기 해시태그였다. 1399만 개의 #첫줄 해시태그가 이를 증명한다. 하지만 최근에는 이 해시태그 사용 빈도수가 매우 드물다. 최근 게시물을 보면 하루 중에 간간이 업로드 되고 있는 정도다. #첫줄을 비우고 싶은 유저들의 트렌드가 바뀐 탓일까? 오히려 유저들의 열망은 더 강해져서 '인스타 공백'이라는 사이트가 탄생한 게 아닐까 싶다.

실제로 사이트의 운영자는 해당 사이트에 대한 설명을 재미있게 '인스타그램 줄바꾸기 하다가 화가 나서 만든 사이트'라고 소개하고 있다. 이렇게 '인스타 공백'은 인스타그램에서 줄 바꿈을 인식하지 못 하는 현상을 바로잡아준다. 이제 #첫줄 해시태그를 사용하지 않고도 보기 깔끔하게 본문 작성을 할 수 있다.

인스타 공백 사용 방법

인스타공백 웹사이트https://instablankcom는 간단한 줄바꾸기 기능만 사용한다면 별도의 회원가입 및 로그인 없이 이용 가능하다. 첫 페이지에 바로 텍스트 입력란이 보인다. 여기에 인스타그램에서 작성하고자 하는 글을 입력한다. 인스타그램 본문에 작성하는 것과 마찬가지로 한글, 영문, 이모티콘까지 모두 인식한다. 무엇보다 줄 바꿈을 인식하므로 보다 더 가독성을 높이는 글을 쓸 수 있다.

앞서 이야기한 계정 이름 옆에 본문이 시작되는 현상을 피하기 위해서는 이 곳 입력란에 작성 시 휴대폰 키보드상의 '↵'를 터치하여 첫 줄을 비우고 본문을 시작하면 된다. '인스타공백'을 만나기 전에는 #첫줄 해시태그 뿐만 아니라 본문 가운데에 줄 바꿈 인식을 위해 점을 찍거나 '·' 기호를 어쩔 수 없이 삽입했었는데 이제 더는 그럴 필요가 없다.

줄 바꾸기를 위해 '↵'를 활용한 본문 글을 모두 작성했으면 이제 인스

타그램에서 줄 바꿈 인식이 가능하도록 변환시켜줄 차례이다. 본문 작성란 아래에 있는 '줄 바꾸기 자동 변환' 버튼을 클릭한다. 클릭 한 번으로 줄 바꾸기를 적용한 불러오기 코드가 생성되었다. 텍스트 입력란 상단의 자동변환 결과 '복사' 버튼을 클릭하여 줄 바꾸기가 적용된 글을 복사하고 인스타그램 본문 입력 창에서 붙여넣기를 하면 된다.

05 클릭만으로 콘텐츠 디자이너가 된다
망고보드

우리가 다른 사람의 SNS 계정을 들여다보는 이유 중 하나는 사실 무심코 한 이유가 많다. 그래서 마케터라면 시선을 끄는 콘텐츠의 디자인에도 신경 쓸 수밖에 없다. 정보를 집약적으로 보여주는 카드뉴스를 주 콘텐츠로 하는 경우, 정보의 내용뿐만 아니라 각 디자인의 요소, 배치, 색감 등 어느 것 하나 놓치지 않고 생각해야 한다. 실제로 규모가 작은 기업에서는 SNS 계정을 운영할 때에 마케터도 아닌데 카피라이팅을 해야 하는 디자이너들이 팔리는 글쓰기가 무엇인지 고민에 빠지고, 반대로 마케터들은 디자이너도 아닌데 수준급의 홍보제작물을 요청받아 난감한 경우가 많다. 이제 이 사이트만 충분히 활용할 수 있다면 자신 있게 말할 수 있다. 마케팅 글쓰기와 디자인 둘 다 문제없다고 말이다.

망고보드 사용 방법

망고보드는 SNS에서 가장 많이 쓰이는 카드뉴스는 물론이고 다양한 채널에 맞는 규격 사이즈의 여러 가지 디자인 템플릿을 제공한다. 간

혹 SNS를 처음 시작한 사람들은 콘텐츠의 규격을 제대로 지키지 않는 데에서 팔로우 반응을 이끌지 못한다. 차에서 라디오를 들으면서 가다가 주차장 진입 시 갑자기 찌지직거리는 잡음을 들은 적이 있을 것이다. 주파수가 잘 안 잡혀서 명곡이 소음이 되는 순간, 아쉽지만 라디오를 끄고 만다.

SNS 콘텐츠도 마찬가지다. 내용 측면에서 아무리 좋다고 하더라도 규격 사이즈가 맞지 않아 콘텐츠의 질이 떨어진다면 아무도 보려고 하지 않는다. 망고보드에서는 각각의 SNS 채널 및 코너에 맞는 규격 사이즈로 이미지 템플릿을 제공하니 고민하지 않아도 된다. 먼저, 망고보드 웹사이트 https://www.mangoboard.net에 들어가서 '템플릿' 카테고리에서 제작하려고 하는 템플릿을 선택한다. 사용처별로 정리해놓아 알맞은 규격의 템플릿을 한 번에 둘러볼 수 있다.

용도에 맞는 템플릿을 선택했다면 이제 화면 왼쪽 툴 박스에 있는 메뉴를 선택하여 내가 원하는 텍스트를 넣고 색상, 이미지도 변경해보자.

툴박스 첫 번째 돋보기 모양을 클릭해서 특정 주제어를 검색하면 관련 내용의 템플릿과 디자인 요소들을 보여준다. 마음에 드는 소스를 선택하여 기본 템플릿에 추가, 수정할 수 있다.

툴박스 두 번째 '템플릿'에서는 기존에 선택한 템플릿 외에도 다른 템플릿을 함께 다른 페이지로 사용할 수 있다. 그뿐만 아니라, 다른 템플릿에 있는 디자인 요소를 기존의 템플릿으로 원하는 요소만 가져올 수 있어서 조합을 잘하면 새로운 창조가 가능하다. 모방은 창조의 어머니라고 했으니 다양한 요소들을 원하는 이미지 제작에 적절히 배치해보면서 독창적인 디자이너가 되길 바란다.

텍스트를 추가, 수정하고 싶을 때는 'T'를 클릭한다. 다양한 폰트의 기본적인 텍스트를 선택할 수 있을 뿐만 아니라, SNS의 트렌드에 맞추어 워드아트, 캘리그라피 형태의 글씨 쓰기 작업이 가능하여 다양한 콘텐츠를 만들기 수월하다.

다양한 툴을 활용하여 원하는 이미지의 콘텐츠를 제작했다면 이제 SNS에 업로드가 가능하도록 알맞은 확장자 파일로 다운로드해야 한다. 화면 왼쪽 상단의 다운로드를 클릭하여 원하는 형식의 파일로 저장한다. 이미지뿐만 아니라 GIF, PPT와 PDF, 무엇보다 유료 회원이라

면 최근 SNS에서 주로 소비되고 타 콘텐츠보다 영향력이 높은 동영상

콘텐츠 제작까지 가능하다.